Por uma vida melhor

Por uma vida melhor

Richard Simonetti

Dados Internacionais de Catalogação na Publicação (CIP)
(Câmara Brasileira do Livro, SP, Brasil)

```
Simonett, Richard,
    Por uma vida melhor  /  Richard Simonetti. -
Bauru, SP : CEAC Editora,2010.

    ISBN 978-85-86359-76-7


    1. Espiritismo  2. Reflexão  I. Título.

10-02303                                              CDD-133
```

Índices para catálogo sistemático:
1. Reflexões : Espiritismo 133.9

3ª edição - Fevereiro de 2015 - 1.000 exemplares
De 15.001 a 16.000

Copyright 2010 by Centro Espírita Amor e Caridade
Bauru SP

Edição e distribuição

Rua 7 de Setembro, 8-56 • Fone/Fax 014 3227 0618
CEP 17015-031 - Bauru - SP
e-mail: editoraceac@ceac.org.br
site: www .ceac.org.br

Projeto gráfico: Júnior Custódio

Capa: Angela dos Santos Luiz

Ministrando a prova material da existência e da imortalidade da alma, iniciando-nos em os mistérios do nascimento, da morte, da vida futura, da vida universal, tornando-nos palpáveis as inevitáveis consequências do bem e do mal, a Doutrina Espírita, melhor do que qualquer outra, põe em relevo a necessidade da melhoria individual.

Por meio dela, sabe o homem donde vem, para onde vai, por que está na Terra; o bem tem um objetivo, uma utilidade prática.

Ela não se limita a preparar o homem para o futuro, forma-o também para o presente, para a sociedade.

Melhorando-se moralmente, os homens prepararão na Terra o reinado da paz e da fraternidade.

A Doutrina Espírita é assim o mais poderoso elemento de moralização, por se dirigir simultaneamente ao coração, à inteligência e ao interesse pessoal bem compreendido.

Allan Kardec, em *Obras Póstumas*.

sumário

A melhor parte 13

Não sabiam 17

Guarda-chuva 25

Desde sempre........................33

Cidadania com caridade 43

Eremitas sociais 55

Na barriga de Jonas 63

Mapas...............................71

Espiritismo prático 81

Familiares desencarnados 87

A infância e a aborrescência 95

Quem não quer crescer 103

Desvios 109

A roupa de ver Deus ....115 .

A cadeira vazia 121

Do grupo ou do Centro? 129

Mourões 135

Fofocas 143

O caranguejo 149

Montar a padaria 159

Gênios para o Céu 167

Gente que faz falta 173

A quarta vela 179

Um Natal decente 189

Unificação 195

Liderança 205

A melhor parte

Na célebre passagem evangélica (Lucas, 10:38-42), quando Marta, às voltas com afazeres domésticos, reclamou a Jesus que Maria, sua irmã, que com ele conversava, não a estava ajudando, ouviu a incisiva afirmação do Mestre:

Marta, Marta, andas inquieta e te preocupas com muitas coisas. No entanto, só uma coisa é necessária. Maria escolheu a melhor parte e esta não lhe será tirada.

Reportava-se ao conhecimento espiritual que transmitia à jovem, patrimônio abençoado, imperecível, que a favoreceria sempre, enquanto Marta dava demasiada atenção a tarefas rotineiras.

***

Como sempre, nos momentos mais importantes, Jesus falava à Humanidade inteira, em todos os tempos, convidando-nos a privilegiar, em benefício próprio, atividades que favoreçam aquisições espirituais que as traças e a ferrugem não consomem, nem os ladrões roubam (*Mateus, 6:19-20*).

Constituem um patrimônio capaz de assegurar-nos segurança e conforto em qualquer situação, ainda que enfrentando as atribulações da Terra.

O Espiritismo tem muito a nos oferecer nesse particular, desde que, superando águas de superficialidade, estejamos dispostos a estudar seus princípios e a participar de seus núcleos abençoados de iluminação e serviço – os Centros Espíritas.

Ante a clareza em que se exprime a Doutrina Espírita, conscientizando-nos de nossas responsabilidades diante da Vida, é inaceitável a figura do frequentador de Centro Espírita, interessado no conhecimento, distraído da vivência, desejoso de benefícios espirituais, sem interesse em colaborar com a Espiritualidade.

Para que consigamos a melhor parte é imperioso o "arregaçar as mangas", assumindo encargos no Centro Espírita.

Não vejamos nele simples hospital para cura de males que nos aflijam, nem mera escola de iniciação às excelências da Doutrina, mas, sobretudo, abençoada oficina de trabalho, a favorecer a edificação de divino templo em nosso coração, a exprimir-se em permanente comunhão com a Espiritualidade Maior, na sintonia do Bem.

***

Nestas páginas algumas reflexões sobre os caminhos que nos levam a uma vida melhor, passando por nossa integração na casa espírita.

Espero constituam um estímulo para você, leitor amigo, em busca da **melhor parte**.

Bauru, dezembro de 2009.

richardsimonetti@uol.com.br
www.richardsimonetti.com.br

Não sabiam

No balanço da primeira década do Terceiro Milênio, destaque negativo para o ato terrorista cometido por fanáticos suicidas, em Nova Iorque, sacrificando milhares de pessoas no fatídico onze de setembro.

Espantosa a pretensão de seus mentores ao situá-los como mártires que se imolaram em nome de Deus para combater, segundo eles, o *grande satã*, os americanos.

Chocante a crueldade de um ato dessa natureza, sem levar em consideração que os milhares de mortos compunham um universo de várias nacionalidades, de todos os continentes.

Abominável atentado, cometido não contra uma nacionalidade, simplesmente. Lesou a Humanidade, aproximando seus autores dos brutos, dos homens das cavernas.

***

Líderes espertos e mal-intencionados convencem seus ingênuos seguidores de que se morrerem assim, matando-se e levando muita gente junto, estarão habilitados ao paraíso.

E há irresistível benefício extra:

Terão, a servi-los, cada um deles, setenta e duas virgens.

Um harém no Além!

Luxúria consentida e estimulada!

É estarrecedor o que faz o fanatismo religioso inspirado na ignorância.

Falta a esses fundamentalistas islâmicos um mínimo de bom senso, considerando que:

- Todos aqueles a quem devotam ódio são filhos de Deus também. Estranha forma de servir a um pai, aniquilando os próprios irmãos.

- Os suicidas, particularmente aqueles que morrem para matar, habilitam-se a um estágio depurador em regiões umbralinas, onde amargarão, por largo tempo, os paroxismos da consciência atormentada.

- Reencarnando, enfrentarão dolorosas limitações físicas e mentais, a refletirem os desajustes perispirituais provocados pelo suicídio.

- Atos dessa natureza, longe de favorecer o entendimento e a solução dos problemas que envolvem os países, apenas os acirram, gerando reações em cadeia que fazem incontáveis vítimas.

Pobres infelizes, submetidos pela própria agressividade a séculos de sofrimentos para consertar os estragos feitos em sua biografia espiritual.

Guardassem a mínima noção sobre a vida além-túmulo e teriam, segundo a expressão simbólica de Jesus, cortado as próprias mãos antes de usá-las para cometer o bárbaro crime.

***

Essa tendência de satanizar os profitentes de outras religiões ou culturas, com a disposição de combatê-los até a morte, demonstra para onde nos leva o fanatismo.

É assunto antigo.

A história está repleta de exemplos dessa natureza.

- Os judeus do Velho Testamento passando a fio de espada, em terra inimiga, tudo o que tivesse fôlego.

- Os romanos homenageando os deuses com o sacrifício de cristãos nos espetáculos dantescos do Circo.

- Os cristãos dizimando populações árabes nas Cruzadas, guerras de conquista realizadas em nome daquele que não tinha onde reclinar a cabeça (Mateus, 8:20).

- Os católicos, assassinando protestantes, na noite de São Bartolomeu.

- Protestantes e católicos envolvendo-se em intermináveis lutas, na Irlanda do Norte.

- Judeus e árabes a se digladiarem em sangrentas disputas por um pedaço de terra.

- Sunitas e xiitas, adeptos de uma mesma religião, o Islamismo, a se trucidarem em nome de Alá.

E continua o morticínio, em pleno século XXI, nos albores do Terceiro Milênio, decantado como o início de uma civilização cristianizada, onde todas as guerras seriam eliminadas e todas as divergências seriam superadas.

***

Capítulo especial envolve o Espiritismo, satanizado por correntes religiosas que apontam os espíritas como cultores do demo.

Não fosse a índole fraterna do brasileiro, infenso aos conflitos armados entre religiosos, e certamente teríamos aqui lamentáveis espetáculos de agressão aos seguidores de Allan Kardec.

Temos, ainda, a nosso favor, o trabalho no campo da solidariedade, que conquista a simpatia da população e mantém intocado o prestígio das instituições espíritas. Embora constituindo minoria no contexto religioso, igualam-se às majoritárias pela extensão e eficiência dos serviços prestados à coletividade.

Esse exemplo maravilhoso, tão bem definido por Kardec, na máxima *Trabalho, Solidariedade e Tolerância*, que tem por base de atuação o Centro Espírita, acabará com todas as guerras, ensinando, com Jesus, que as bem-aventuranças celestiais estão reservadas não aos que matarem, mas aos que servirem.

Recado ao dirigente espírita

Enfatize a máxima de Kardec. Conscientize os frequentadores de que:

Sem trabalho no campo do Bem serão meros usufrutuários da Doutrina Espírita.

Sem solidariedade permanecerão sob a péssima orientação do egoísmo.

Sem tolerância jamais conseguirão uma convivência pacífica em sociedade.

Centro Espírita sem observância da máxima de Kardec é edifício majestoso de alicerces precários.

Guarda-chuva

Chico Xavier regressava do trabalho de assistência numa vila, em companhia de vários confrades.

Uma senhora comentou:

– Chico, foi muito bom. O ambiente estava ótimo. Eu me senti maravilhosamente bem!

O médium respondeu:

– Minha filha, aquele serviço é o meu guarda-chuva, a minha cobertura espiritual. Os Espíritos amigos daquele povo (os pobrezinhos) vêm todos me ajudar.

***

A Doutrina Espírita é pródiga em exemplos sobre o valor da prática do Bem, situando-a como moeda abençoada que substitui a do sofrimento no resgate de nossas dívidas, conforme a expressão feliz do apóstolo Pedro, em sua primeira epístola (4:8):

O amor cobre a multidão dos pecados.

Consideremos alguns princípios básicos:

A Terra é um Mundo de Expiação e Provas, segundo a definição de Allan Kardec, no capítulo terceiro de *O Evangelho segundo o Espiritismo*.
Em face de nossa imaturidade, contraímos dívidas no pretérito, oriundas do comprometimento com o vício, a ambição, o desatino, a maldade...
A dor é a moeda cunhada pela Justiça Divina para o resgate de nossos débitos.
Agora o detalhe animador:
A Divina Misericórdia nos oferece uma moeda alternativa: ao invés da Dor, o Amor, que se exprime no esforço da caridade.

Quando esta realidade for plenamente assimilada, teremos multidões empenhadas em atender as carências do próximo, num saudável e estimulante *Campeonato do Bem*.

Vencedores serão sempre os que mais estiverem dispostos a servir, conquistando os lauréis da paz e da felicidade.

Jesus já se reportava ao assunto, ao informar que o maior será sempre aquele que se faça servo de todos.

Quando esse abençoado espírito de serviço orientado pela fraternidade for plenamente observado, estaremos habilitados à promoção de nosso planeta.

A Terra será um Mundo de Regeneração, onde o egoísmo, o pensar em si mesmo, será substituído pelo altruísmo, o pensar nos outros.

***

No episódio narrado, Chico demonstra algo mais:

Todos temos mentores espirituais, familiares e amigos desencarnados que procuram aplanar nossos caminhos, ajudando-nos a cumprir compromissos, a superar dificuldades e limitações.

Essa realidade, tão bem demonstrada pela Doutrina Espírita, está presente em todas as culturas e religiões, que nos falam em anjos, protetores espirituais e guias.

Deus jamais nos deixa entregues à própria sorte.

Ainda que na Terra, atendendo as contingências humanas, alguém possa sentir-se solitário e desamparado, sempre haverá benfeitores espirituais ao seu redor, procurando levantar-lhe o ânimo e mobilizar recursos de socorro em seu benefício.

Obviamente, para que possam fazê-lo de forma concreta, necessitam do concurso de pessoas de boa vontade, sintonizadas com o Bem, capazes de captar seus apelos e oferecer algo de seus recursos, de suas iniciativas, de seu trabalho...

Esses numes tutelares sempre serão agradecidos àqueles que ajudem seus tutelados a enfrentar dificuldades e dores.

O esforço em favor do próximo não apenas melhora nosso padrão vibratório, colocando-nos em contato com as fontes da Vida, como favorece uma rede de proteção espiritual formada por esses Espíritos.

Quando ajudamos alguém em suas dificuldades, exercitando solidariedade, somos ajudados por seus benfeitores espirituais, a exercitarem a gratidão.

***

Portanto, leitor amigo, quando você, em contato com as carências alheias, sentir o impulso de algo fazer em benefício de seu irmão, lembre-se de que há entidades espirituais a inspirá-lo.

Falam ao seu coração, rogando que lhes empreste as mãos, a fim de que possam, por intermédio delas, socorrer seus tutelados.

E esteja convicto de algo muito importante:

Quanto maior o Bem que você estender ao redor de seus passos, ajudando o próximo, maior será o número de Espíritos agradecidos a ajudá-lo.

Perseverando nesse propósito, quando chegar sua hora de retorno à pátria espiritual, terá uma multidão a oferecer-lhe boas-vindas.

Melhor ainda: eles testemunharão, na alfândega da espiritualidade, que você tem passe livre para os páramos celestiais.

Recado ao dirigente espírita

Imperioso enfatizar nas reuniões doutrinárias a necessidade de trabalhar pelo próximo, formando equipes de voluntários dispostos a edificar o Bem em si mesmos, à medida que o estendam ao semelhante.

Centro Espírita sem serviços de assistência e promoção social é Faculdade de Bem Viver sem aulas práticas.

Desde sempre

Quando Allan Kardec pergunta, na questão 683, de O Livro dos Espíritos, qual o limite do trabalho, responde o mentor espiritual que o assiste:

O das forças.
A esse respeito Deus deixa inteiramente livre o Homem.

Estaríamos diante de um representante do Sindicato dos Patrões?
Trabalhar até o limite das forças?!
Desavisado estudante de sociologia certamente verá aqui algo do famigerado *capitalismo selvagem*, a *exploração do Homem pelo Homem*,

conforme o conceito marxista. O favorecimento de alguns em detrimento de muitos.

No início da Revolução Industrial, em meados do século XVIII, havia a jornada de quatorze horas diárias, literalmente no *limite das forças* do pobre operário, em favor da prosperidade do patrão.

Restavam-lhe dez para o repouso, das quais eram subtraídas as destinadas à alimentação, higiene pessoal, transporte, contato familiar, saúde...

***

Obviamente, caro leitor, o Espírito que respondeu a Kardec não estava apoiando esse regime escravocrata.

Consideremos que não se referia exclusivamente ao trabalho profissional. Este é apenas *parte* do esforço a que somos convocados.

O que ele sugere é que devemos estar sempre ativos, evitando a inércia, que contraria o dínamo-psiquismo próprio da natureza humana.

Experimente parar de pensar por um minuto apenas.

Não conseguirá.

Nossa mente não cessa de trabalhar, nem mesmo quando dormimos. Sonhos são registros esmaecidos do que pensamos ou fazemos afastados do corpo, enquanto este se abriga nos braços de Morfeu.

Ininterruptamente, emitimos energias, formando imagens que se expandem ao nosso redor, sustentando nossos estados de ânimo e as condições físicas e psíquicas que nos são próprias.

É o que caracteriza nossa condição de Espíritos, seres pensantes, distinguindo-nos dos seres inferiores, dentre os quais estagiamos em tempos remotos, na condição de *princípio espiritual* destituído da capacidade de pensar e decidir, custodiado pelo instinto.

Agora nos cumpre seguir em frente, rumo à perfeição, a partir de nossa própria iniciativa, exercitando a razão.

O problema é que ainda estamos perto da animalidade, distanciados da angelitude. Prevalecem em nós impulsos instintivos que colidem com a razão.

Um exemplo típico, amigo leitor, está no exercício da sexualidade, algo inerente aos seres vivos, favorecendo a perpetuação das espécies.

Nos seres inferiores a atividade sexual é inteiramente controlada pela Natureza, no chamado *cio* em que os parceiros são irresistivelmente atraídos ao acasalamento.

Com o ser humano é diferente. O exercício do sexo fica subordinado aos seus desejos. E em grande parte do tempo, principalmente no verdor da juventude, a mente indisciplinada povoa-se de fantasias de ordem sexual, disparando, não raro, envolvimentos passionais, que trazem prazer em princípio, tédio e preocupação depois...

Dizia São Jerônimo:

Trabalha em algo para que o diabo te encontre sempre ocupado.

No mesmo sentido o ditado popular:

Mente vazia é forja do demônio.

As tentações, não apenas no terreno da sexualidade, chegam sempre quando não temos o que fazer, quando não ocupamos a mente com o trabalho.

Peço-lhe licença, amigo leitor, para outra citação, desta feita do grande Voltaire:

O trabalho afasta de nós três grandes males: o tédio, o vício e a necessidade.

O tédio, que nasce da falta de serviço, é porta aberta para o vício, que sempre resulta na incapacidade de prover às necessidades.

O jeito, portanto, é *sempre* ter o que fazer.

***

Quando falo em trabalho, amigo leitor, não me refiro apenas à atividade profissional, importante, sem dúvida, indispensável à subsistência.

Ocorre que essa atividade tenderá a ocupar cada vez menos nosso esforço, ante o desenvolvimento dos recursos tecnológicos.

Vão longe os tempos em que um operário trabalhava quatorze horas diárias. Em países desenvolvidos há uma tendência para a jornada de trabalho de apenas seis horas, cinco dias por semana.

Podemos considerar, à luz da questão 683, que é importante manter a mente ocupada, exercitando atividade, no trabalho profissional, nos cuidados com a família, no atendimento das necessidades de higiene e alimentação.

Não esquecendo nunca, porém, dois tipos de trabalho, fundamentais ao nosso crescimento como filhos de Deus:

- Em características de eternidade.

Somos imortais. Já vivíamos antes do berço e continuaremos a viver depois do túmulo.

Não estamos na Terra em jornada de férias, nem simplesmente para resgatar dívidas relacionadas com escabroso passado.

A finalidade principal da jornada humana chama-se *evolução*.

Estamos aqui para superar mazelas e imperfeições, para desenvolver potencialidades espirituais, morais e intelectuais, a caminho da perfeição.

Por isso, é preciso investir nossas disponibilidades de tempo em favor do Espírito que viverá para sempre, muito além das exigências do homem que desaparecerá no túmulo.

Isso implica permanente esforço de aprendizado e renovação para sair daqui melhores do que quando chegamos.

- Em características de universalidade.

A felicidade, como pleno cumprimento dos objetivos da Vida, como plena integração nos ritmos da harmonia universal, concretiza-se a partir de nossa participação em atividades que visam o Bem, no lar, na sociedade, na profissão, na atividade religiosa…

Por isso, a melhor iniciativa, no propósito de sustentar nosso equilíbrio, é a disposição de servir.

Onde quer que estejamos sempre há o ensejo de fazer algo em favor do próximo.

***

O homem comum aprecia o lazer, dentro do *dolce far niente,* o doce não fazer nada.

Assimilando noções mais amplas a respeito de nossas potencialidades, compreendemos que nada há mais gratificante e produtivo que o trabalho em características de eternidade e universalidade, que nos realiza como filhos de Deus.

E o Criador, como ensina Jesus, trabalha *desde sempre.*

Seremos felizes e realizados se nos dispusermos a imitá-lo, *desde agora.*

Para finalizar, um pensamento de Charles Schulz:

O que fazemos durante as horas de trabalho determina o que temos; o que fazemos nas horas de lazer determina o que somos.

Recado ao dirigente espírita

Enfatize, diante dos companheiros e frequentadores, a necessidade de exercitarem o trabalho em características de eternidade e universalidade, aprendendo e servindo sempre.

Centro Espírita distraído dessa orientação é escola de alfabetização sem abecedário.

Cidadania
com caridade

Embora não raro sem um princípio religioso, a Humanidade tem se aproximado do caminho ideal, desenvolvendo ideias que lembram algo do Evangelho, como o cego que caminha aos *trancos e barrancos,* a tatear pelo caminho.

Tal, por exemplo, é o conceito de cidadania, bastante difundido nas sociedades civilizadas.

Cidadão é o indivíduo consciente de seus direitos e de seus deveres perante a sociedade.

Quando exercitada pela população, a cidadania promove o bem-estar social, a partir de deveres e direitos elementares.

Exemplos de deveres.
Não furar a fila do cinema.
Não jogar lixo na via pública.
Não sonegar impostos.
Não perturbar o sossego alheio.
Não pichar muros.
Não fazer nada que prejudique o próximo.

Exemplos de direitos.
Saber como funcionam e como recorrer aos:
Órgãos de defesa do consumidor.
Associações de classe.
Associações de moradores.
Assistência judicial, médica, psicológica.

É, sem dúvida, inestimável conquista no relacionamento social.

Mas parece que falta algo.

Não basta ter consciência dos direitos e deveres, porque, se mal orientada, a cidadania pode originar a exaltação do egoísmo, gerando problemas entre indivíduos e coletividades.

É preciso temperá-la com a caridade.

Num casamento que vai mal, os cônjuges têm o direito de providenciar uma separação, dispostos a assumir seus deveres no cuidado dos filhos, dividindo atribuições. Não obstante, haverá problemas. Um lar que se dissolve é sempre traumatizante para os filhos.

Não seria interessante tentar superar as diferenças, visando o bem-estar das crianças?

Um motorista desastrado entra na traseira de um automóvel, quebrando o para-choque e as lanternas.

O proprietário pensa em recorrer à justiça e exigir o ressarcimento das despesas de conserto, mas constata que se trata de pessoa pobre.

Embora o automóvel do motorista culpado possa ser arrestado numa pendência judicial, não seria melhor relevar, considerando que o surrado veículo é o seu instrumento de trabalho e que ele, literalmente, *não tem onde cair morto*?

A Europa, onde o conceito de cidadania está bastante desenvolvido, vive sérios problemas de xenofobia, a rejeição de imigrantes, sob a alegação de que conturbam o relacionamento social e inflacionam a procura, no mercado de trabalho, gerando desemprego.

Conflitos violentos surgem a partir dessa visão negativa.

Não seria melhor buscar uma convivência pacífica, com programas educativos que ajudem os imigrantes a se ajustarem ao país que os acolheu?

No Oriente Médio vemos a exacerbação de ódios raciais de dois povos, o judeu e o árabe, que defendem seus direitos até as últimas consequências, partindo para agressões mútuas, sem considerar os estragos que estão produzindo, o sofrimento que impõem a si mesmos.

Não seria interessante ambos os lados pensarem nas carências recíprocas, dispondo-se ao diálogo e à negociação, ao invés de se agredirem até a morte?

No Iraque, sunitas e xiitas, galhos de uma mesma árvore, o Islamismo, empenham-se em furiosos combates para defender seus direitos, em nome de Alá.

Se exercitassem o entendimento, morte e desolação seriam evitadas.

Não basta reivindicar direitos e exaltar deveres.

Indispensável exercitar a caridade, o pensar no outro, sem o que jamais haverá paz na sociedade humana.

***

Nos Estados Unidos, onde o conceito de cidadania está largamente difundido, exaltando-se a consciência de direitos e deveres, a sociedade está estruturada em torno de sindicatos, organizações não governamentais, fundações, todos empenhados nesse propósito.

Comentava um confrade que nos condomínios residenciais, as associações de moradores defendem os direitos dos proprietários e ao mesmo tempo cobram por seus deveres. As casas por fora são muito bem conservadas, ajardinadas, pintura impecável. Descuidos resultam em multas pesadas.

Contraditoriamente, onde a cidadania está mais difundida mais numerosas são as ações judiciais.

Não é novidade nenhuma que nos Estados Unidos os serviços médicos e odontológicos são caríssimos, porque os profissionais de saúde são obrigados a fazer seguros dispendiosos para atender a ações indenizatórias, movidas por pacientes insatisfeitos com o atendimento ou que se sentem prejudicados em relação a algum procedimento cirúrgico.

Há tamanho emaranhado de reivindicações e interesses de advogados, que decisões bizarras acabam acontecendo na exaltação dos direitos do cidadão.

Por ter se queimado com uma xícara de café quente derramada em seu colo, a cliente processou uma rede de comida rápida. Recebeu três milhões de dólares de indenização. Detalhe: ela própria, descuidada, derramara o café.

Uma senhora recebeu setecentos e oitenta mil dólares de indenização de uma loja de móveis por ter tropeçado numa criança que corria solta pela loja. Na queda quebrou o tornozelo. Detalhe: a criança era filha da cliente.

Um homem ficou preso na garagem de uma casa, cujos moradores viajaram. Durante oito dias alimentou-se de ração para cachorros e refrigerantes ali armazenados. Foi à justiça e recebeu do proprietário uma indenização de quinhentos mil dólares, sob a alegação de que a situação lhe causara profunda angústia mental. Detalhe: era um assaltante desastrado que entrou na garagem por dentro da casa e não conseguiu sair, porque o portão estava travado e a porta de acesso, com mola hidráulica, fechou quando ele passou.

Um ancião foi indenizado em quatorze mil e quinhentos dólares, mais despesas médicas, depois de ter sido mordido pelo cachorro do vizinho. Detalhe: o cachorro estava preso numa coleira e só reagiu quando o cidadão pulou a cerca e atirou contra ele usando uma espingarda de chumbo.

Um restaurante foi condenado a pagar cento e treze mil e quinhentos dólares a uma cliente que escorregou no piso molhado e quebrou o cóccix. Detalhe: ela própria molhara o chão ao atirar um copo de refrigerante no namorado durante uma discussão.

Uma jovem processou o proprietário de uma casa noturna, por ter caído no banheiro e quebrado dois dentes da frente. Recebeu doze mil dólares, mais despesas dentárias. Detalhe: ela estava tentando fugir pela janela para não pagar a conta.

O exacerbamento dos direitos individuais, na exaltação da cidadania, acaba gerando problemas dessa natureza, que conturbam o relacionamento social.

Não basta cogitar de direitos pessoais ou respeitar direitos alheios.

Entre um e outro, é fundamental a introdução da caridade para que, pensando no outro, não minimizemos nossos deveres, nem maximizemos nossos direitos.

***

Pensando assim, entendemos por que Jesus dizia, no sermão da Montanha (Mateus, 5:38-42):

Ouvistes que foi dito aos antigos:
Olho por olho e dente por dente.
Eu, porém, vos digo: não resistais ao homem mau. Se alguém te bater na face direita, oferece-lhe também a outra.
E se alguém quiser demandar contigo e tirar-te a túnica, deixa-lhe também a capa.
Se alguém te obrigar a caminhar mil passos, vai com ele dois mil.
Dá a quem te pedir, e não te desvies daquele que quiser que lhe emprestes.

À primeira vista parecerá absurdo um comportamento dessa natureza, passível de nos causar prejuízos.

Mas tudo muda de figura se aplicarmos a caridade nessas situações, o pensar no outro, nas suas necessidades e limitações, com o que nos livraremos dos males maiores, relacionados com o ódio, o ressentimento, o rancor...

Na ótica do egoísmo, não fazer acordo algum é melhor do que um acordo insatisfatório.

Na ótica da caridade, um acordo insatisfatório é sempre melhor do que nenhum acordo.

Recado ao dirigente espírita

Institua programas de exercício
de cidadania, enfatizando o
comprometimento moral daqueles que
não respeitam os direitos do próximo,
nem exercitam a caridade em relação
aos próprios direitos.

*Centro Espírita sem estímulo à cidadania
consciente, responsável e caridosa, em favor
de uma sociedade cristã, supõe,
equivocadamente, que o Reino de Deus
deverá instalar-se na Terra por
mero decreto divino.*

Eremitas sociais

Na Idade Média disseminou-se na Europa a ideia de superação do pecado com a renúncia ao convívio social.

Os eremitas (do grego *eremia*, deserto) escolhiam a solidão dos lugares ermos para cultivar os valores espirituais e vencer as tentações do mundo.

Há um problema em semelhante opção: contraria a natureza gregária do Homem.

Oportuno lembrar algumas considerações dos mentores que assistiam a Kardec, nas questões abaixo, de *O Livro dos Espíritos:*

Questão 769.
Concebe-se que, como princípio geral, a vida social esteja na Natureza. Mas, uma vez que também todos os gostos estão na Natureza, por que será condenável o do insulamento absoluto, desde que cause satisfação ao homem?
Resposta:
Satisfação egoísta. Também há homens que experimentam satisfação na embriaguez. Merece-te isso aprovação? Não pode agradar a Deus uma vida pela qual o homem se condena a não ser útil a ninguém.

Questão 770.
Que se deve pensar dos que vivem em absoluta reclusão, fugindo ao pernicioso contacto do mundo?
Resposta:
Duplo egoísmo.

Questão 770-a.
Mas, não será meritório esse retraimento se tiver por fim uma expiação, impondo-se aquele que o busca uma privação penosa?

Resposta:

Fazer maior soma de bem do que de mal constitui a melhor expiação. Evitando um mal, aquele que por tal motivo se insula cai noutro, pois esquece a lei de amor e de caridade.

É preciso ter sempre presente que somos seres eminentemente sociais, criados para a vida social.

Nosso próprio desenvolvimento intelectual, espiritual e moral depende desse contato.

O indivíduo que se isola perde o referencial sustentado pela convivência. Não raro, pode adotar comportamento desajustado, marcado por manias e esquisitices. Isto quando não resvala decididamente para perigosas fantasias.

Eremitas, isolados da comunidade, eram tomados por perturbações, dominados por ideias amalucadas.

Uma delas, bastante difundida, com muitos adeptos: voltar à Natureza.

Para tanto, dispunham-se a pastar nos campos como se fossem bois vestidos de gente. Outros se flagelavam para dominar as tentações da carne.

Antão, que viveu no século III, um dos primeiros eremitas cristãos a fazer escola, houve por bem encerrar-se por quinze anos num túmulo abandonado, alimentando-se a pão e água trazidos por um devoto, a pretexto de intermináveis combates espirituais com supostos demônios.

Semelhantes iniciativas, que conduziam à beatificação no pretérito, hoje sinalizariam internação em hospital psiquiátrico.

***

Na atualidade lidamos com outro tipo de eremitas, bem mais numerosos e problemáticos, compondo vasta parcela da população.

São aqueles que participam superficialmente da vida social, apenas para atender à subsistência, sem assumir compromissos e responsabilidades em favor de uma sociedade solidária, capaz de enfrentar e resolver os problemas que a afetam.

Podemos situar a pessoa que vive assim numa categoria especial: eremita urbano.

Vive literalmente trancado numa caverna – seu lar.

Cerca-se de todo o conforto possível, como quem edifica um oásis solitário em pleno deserto das misérias humanas, alheio às carências alheias.

Embora aprazível em princípio, trata-se de situação decididamente indesejável.

Os eremitas do passado, embora equivocados, pretendiam reverenciar o Pai Celeste.

Os eremitas da atualidade reverenciam a Mamon, o deus pagão que representa os interesses materiais e as riquezas.

Buscam *resolver-se*.

Os outros? Que se danem!

Negando a sua condição de seres sociais, fechados em si mesmos, os eremitas urbanos conseguem, não raro, seus propósitos.

Falta-lhes, todavia, o principal:

A paz – abençoado tempero da felicidade.

Impertinente intranquilidade os incomoda, marcada por desajustes variados.

É natural.

Estão fora de ritmo na sinfonia da Vida, distanciados das harmonias interiores que se sustentam, essencialmente, do empenho de servir.

***

É preciso deixar a ermida doméstica e buscar nossa integração na vida social, participando de movimentos de solidariedade em favor do bem comum.

No Centro Espírita temos a resposta precisa a qualquer anseio nesse sentido, com um leque de atividades que se abre aos voluntários, atendendo a todos os gostos e à capacidade e disponibilidade dos frequentadores.

Diga-se de passagem: um Centro Espírita tenderá a crescer na medida exata em que se amplie o quadro de voluntários, dispostos a assumir tarefas em múltiplos serviços como biblioteca, livraria, lanchonete, bazar, cursos, palestras, atendimento fraterno, assistência espiritual, atendimento de famílias carentes na periferia, reuniões mediúnicas...

A lista vai longe, compondo abençoada sociedade em que todos se disponham a servir, fazendo algo em favor do bem comum, conscientes de que quanto mais doarem suas horas, seu trabalho, seus recursos materiais, mais felizes e equilibrados serão, contribuindo para a edificação do Reino de Deus.

Nele, como ensinava Jesus, o maior será sempre aquele que mais disposto esteja a servir na vida social, furtando-se ao insulamento em eremitérios domésticos.

Recado ao dirigente espírita

Faça um levantamento das atividades do Centro e dos recursos humanos necessários para atender às atividades doutrinárias, assistenciais, promocionais, contábeis...

Institua fichas de inscrição para voluntários, encaminhando-os aos serviços compatíveis com suas possibilidades e disponibilidades.

E não espere por voluntários para criar novos serviços.

Crie serviços e aparecerão os voluntários.

Centro espírita sem voluntários é seara ao abandono.

Na barriga de Jonas

Conversam dois amigos.

Um, crente; outro, livre-pensador.

– O texto bíblico exprime a realidade?

– Claro! É a palavra de Deus! O Criador não fantasia nem mente jamais!

– Você acredita que o profeta Jonas tenha passado três dias na barriga de um peixe, dela saindo incólume?

– Claro! E digo mais: se ao invés de Jonas passar três dias na barriga de um peixe, a Bíblia dissesse que um peixe passou três dias na barriga de Jonas, não duvidaria!

– É um absurdo!

– Para você, que ainda não entendeu o elementar: o que está na Bíblia é a expressão da verdade! Os textos sagrados não mentem!

***

Multidões endossariam essa ideia maluca.

Há nela um misto de ingenuidade e condicionamento, ingredientes da fé cega.

Quando não nos dispomos a questionar o conhecimento religioso, favorecemos a fantasia, que tantos males causam à humanidade.

Supor que o Velho Testamento, na Bíblia, é a história da Humanidade, quando se trata apenas da história fragmentada e não raro fantasiosa do povo judeu, é uma das mais lamentáveis distorções do pensamento religioso.

Infelizmente, essa ideia costuma contaminar até mesmo pessoas dotadas de cultura que, teoricamente, deveriam saber distinguir o *joio* do *trigo*.

Nos Estados Unidos, defensores do Criacionismo conseguiram impor, por medidas judiciais, que a fantasia de que tudo começou com Adão e Eva seja ensinada nas escolas.

Uma fantasia contrapondo-se à racionalidade da teoria evolucionista de Darwin, suficientemente estudada, testada e reconhecida pela comunidade científica.

Podemos, até sob o ponto de vista espírita, questionar os detalhes apresentados por Darwin, como a seleção natural, de sobrevivência dos mais fortes. Sabemos que não foi bem assim, já que houve um direcionamento por parte dos poderes que nos governam. A evolução não foi aleatória. Nada aconteceu por acaso.

Mas não há dúvida de que o aparecimento do homem na Terra foi a culminância de um processo evolutivo que começou há bilhões de anos, com organismos unicelulares.

Nisso Darwin estava absolutamente certo, e sem dispensar a ideia da Criação. Esta não aconteceu por passe de mágica, como está na

Bíblia, mas pela elaboração das formas e dos organismos, na Oficina Divina, a Natureza, ao longo de milhões de anos, frações de segundos no calendário da Eternidade, com o concurso de prepostos do Criador.

***

Tudo muda de figura quando nos dispomos a considerar determinadas passagens do Velho Testamento como alegorias.

Aí sim, podemos tirar delas valiosos ensinamentos.

Exemplo típico está no próprio Jonas, um dos profetas bíblicos, que teria sido galileu, como Jesus, nascido em Gate-Hefer, perto de Nazaré, no século VIII a.C.

Na alegoria bíblica, Jonas recebeu uma missão de Jeová: deveria ir a Nínive, capital da Assíria, às margens do rio Tigre, cidade grande para os padrões da época, com uma população de aproximadamente cento e vinte mil habitantes.

A devassidão ali imperava. Competia ao profeta alertar os habitantes para que mudassem o comportamento ou a cidade seria destruída.

Ele não gostou da missão. Então Jeová o fez ser engolido por um peixe. Ficou três dias dentro dele.

Quando se dispôs a cumprir a determinação divina, o peixe o deixou às margens de Nínive.

Alegoria perfeita envolvendo uma situação frequente.

Costuma-se dizer em relação às atividades religiosas:

Quem não vem pelo amor, vem pela dor.

É altamente salutar, em favor da economia espiritual, passarmos algum tempo *engolidos por um peixe*, a simbolizar problemas, dificuldades, perturbações, enfermidades...

Conheço confrades, dentre os quais me incluo, que se iniciaram no Espiritismo atendendo ao convite da Dor, aprisionados em suas entranhas até que se decidissem a assumir a grandiosa missão de superar a indiferença, abraçando os compromissos de renovação e trabalho que todos assumimos ao reencarnar.

***

À semelhança da experiência de Jonas, temos no Velho Testamento muitas passagens que ensejam preciosas reflexões, competindo-nos apenas o cuidado elementar de não levar nada *ao pé da letra*, atendendo à observação sempre atual de Kardec:

Fé inabalável só o é a que pode encarar de frente a razão, em todas as épocas da Humanidade.

Por isso, caro leitor, imperioso ver no Centro Espírita, acima de tudo, abençoada escola, com a disposição de estudar a gloriosa mensagem espírita, a fim de que não o confundamos, como fazem muitos, com um hospital, que procuram para tratamento de males físicos e espirituais nascidos, não raro, da ignorância em torno dos objetivos da existência humana.

Recado ao dirigente espírita

Institua cursos, seminários, palestras doutrinárias, convidando as pessoas ao exercício da razão.

Estabeleça intercâmbio com expositores espíritas de reconhecida capacidade doutrinária, fiéis aos princípios espíritas.

Centro Espírita sem estudo disciplinado e racional tem portas abertas à fantasia.

Mapas

Segundo velhas tradições judaicas, quando a comunidade não ia bem havia reuniões especiais em que, por sortilégios religiosos, seus pecados eram transferidos para um bode. Depois se sacrificava o animal e o seu sangue depurava os fiéis.

Daí a expressão corrente, *bode expiatório*, quando se pretende imputar a alguém alheia culpa.

Seguindo esse raciocínio torto, teólogos medievais entenderam que Jesus foi o *cordeiro* (eufemismo que substituiu a expressão original) de Deus que veio lavar com seu sangue na cruz a mácula do pecado original, supostamente cometido por suposto casal, Adão e Eva, em suposto paraíso.

Incrível! Conseguiram fazer de fantasias como a criação do mundo em seis dias, Adão tirado do barro e Eva de uma costela dele, o pecado original, e a redenção com o sangue de Jesus, a crença de considerável parcela da Humanidade.

Adão e Eva constituem uma história da carochinha, que poderia impressionar os fiéis do passado, porém não atende às necessidades do presente, quando antes de crer devemos cogitar de compreender, sob o crivo da razão.

***

Para quem admite a existência de Adão e Eva, fica a pergunta:

Que crime inominável teriam cometido, capaz de fixar-se para sempre em culpa sobre toda a raça humana?

A malícia popular fala da maçã, simbolizando o sexo.

O pecado de exercitar o sexo no paraíso.

Basta ler o texto bíblico, em Gênesis, para se saber que não foi nada disso.

O *crime* nem mesmo foi transgressão criminosa, e muito menos passível de prisão.

Jeová não queria que comessem o fruto da árvore da ciência do bem e do mal. Eles comeram.

Mas como poderiam ter incorrido em desobediência antes de saboreá-lo, e, portanto, sem ter noção do que é não obedecer?

E por que haveria toda a descendência humana de pagar por isso, em flagrante injustiça, já que, atendendo ao mais elementar princípio de direito, os filhos não podem pagar pelos crimes dos pais?

***

Darwin, como já comentamos, pôs por terra as teorias teológicas do pecado original, da existência de Adão e Eva e da expiação dos pecados humanos pelo sangue do *Cordeiro de Deus*.

A Doutrina Espírita, que confirma Darwin, em nenhum momento pretende desmerecer o trabalho de Jesus, nem deixa de reconhecer seus méritos e sua grandeza espiritual.

Isso está bem patente na questão 625 de *O Livro dos Espíritos*, quando o mentor espiritual proclama que o Mestre é a maior figura da Humanidade.

Reconhecendo isso, Kardec deu-se ao trabalho de escrever *O Evangelho segundo o Espiritismo* para exaltar a importância dos princípios morais enunciados pelo missionário divino.

***

A concepção espírita sobre Jesus distingue-se das demais religiões evangélicas em alguns pontos.

Jesus não é o filho de Deus encarnado. É um irmão nosso, Espírito já puro e perfeito quando a Terra surgiu, há quatro bilhões e quinhentos milhões de anos.

E não *lavou* com seu sangue supostos pecados, injustamente herdados pela Humanidade.

Foi o professor que veio nos ensinar as regras para nos comportarmos como filhos de Deus, superando limitações e habilitando-nos a caminhar mais depressa rumo à nossa gloriosa destinação.

Ainda que possa parecer heresia, podemos proclamar, à luz da Doutrina Espírita: mesmo que Jesus não viesse, continuaríamos evoluindo. Somos seres perfectíveis, destinados à perfeição.

Lá chegaremos, inexoravelmente, mais cedo ou mais tarde, porquanto é a vontade de Deus, que não falha jamais em seus objetivos.

Jesus veio acelerar a marcha, mostrando-nos como andar de forma mais rápida e segura.

É como se caminhássemos à procura de cidade distante, sem mapa, sem noção de direção. Demandaria muito tempo de viagem.

Jesus trouxe esse mapa, enunciando princípios que regem nossa evolução moral para que, cumprindo-os, nos ajustemos mais rapidamente à ordem universal, apressando o passo, rumo à perfeição.

***

Qual o papel do Espiritismo nessa história?

Diríamos que Jesus nos deu o *mapa do coração*.

O Espiritismo nos oferece o *mapa da razão*.

Jesus falava a uma Humanidade adolescente, incapaz de grandes voos do raciocínio.

O Espírito fala a uma Humanidade suficientemente amadurecida, intelectualmente, para compreender a extensão de suas responsabilidades, com a certeza de uma vida que não acaba nunca, da qual nunca se ausenta a justiça de Deus.

Fácil perceber a conjugação de princípios que se completam, dirigidos ao sentimento e à razão, em variados contextos:

- Perdão

Jesus recomendava que perdoemos não sete vezes, mas setenta vezes sete, perdão incondicional, para que sejamos filhos de nosso Pai que está nos Céus.

O Espiritismo demonstra ser indispensável que perdoemos, porquanto todo sentimento de ódio, rancor, mágoa, ressentimento, desajustam o nosso psiquismo, situando-nos à mercê das sombras.

- Culto

Jesus nos convidava à comunhão com Deus em termos de absoluta simplicidade. No célebre encontro com a mulher samaritana explicou que a reverência a Deus deve ser despida de formalismos e exterioridades.

O Espiritismo explica que toda intermediação, no empenho de nossa comunhão com o sagrado, através de ritos e rezas, ofícios e oficiantes, desvitaliza a emoção e inibe essa ligação.

- Enfermidade

Jesus dispensava os beneficiários de suas curas dizendo-lhes que não pecassem mais para que não lhes sucedesse pior.

O Espiritismo ensina que todo mal praticado em pensamentos, palavras ou ações, é uma agressão que fazemos a nós mesmos, sujeitando-nos a penosos padecimentos para a retificação.

- Convivência

Jesus convidava a fazermos ao semelhante todo o bem que desejamos receber.

O Espiritismo informa ser indispensável praticar a caridade, a fórmula divina para nos livrarmos do egoísmo, sentimento gerador de todos os males humanos.

Jesus convidava ao Bem.
O Espiritismo impõe sejamos bons.
Por isso, se Jesus trouxe a revelação do Amor, o Espiritismo é a revelação do Dever, chamados que somos à vivência dos princípios cristãos, não por mero ideal ou sonho, mas porque agora sabemos que assim deve ser feito e o conhecimento da verdade implica compromisso com ela.

Recado ao dirigente espírita

O Evangelho segundo o Espiritismo é presença obrigatória nos estudos doutrinários, ressaltando a vinculação da Doutrina Espírita ao Cristianismo, sem dogmas, sem ritos e rezas, sem ofícios e oficiantes, como apelo permanente à consciência humana, em favor de um Mundo melhor.

Centro Espírita sem Jesus é a razão desligada do coração.

Espiritismo prático

Diz Chico Xavier que no Centro Espírita estamos empenhados no Espiritismo prático, mas que nossos orientadores espirituais estão esperando algo mais importante: o Espiritismo praticado.

Podemos, à luz dessa observação, lembrar o empenho a que somos convocados em relação à decantada reforma íntima, partindo do princípio de que não basta a iniciativa de entrar no Espiritismo.

Isso acontece quando aceitamos seus princípios e participamos de atividades no Centro Espírita, como beneficiários dos recursos espirituais ali mobilizados ou como voluntários em seus serviços.

É um passo importante.

Não obstante, é indispensável que o Espiritismo entre em nós.

Isso significa uma adesão não apenas às ideias, mas, sobretudo, às disciplinas inerentes aos postulados de nossa crença.

Resumindo: é preciso que o conhecimento espírita desça do cérebro, o terreno promissor das ideias, para o coração, o solo fértil da ação.

Ou, se preferir, leitor amigo, é preciso ser espírita não de boca; espírita de atitude, de iniciativa, de empenho em favor de nossa renovação à luz dos princípios sagrados da Doutrina.

É como bem acentua Kardec:

Reconhece-se o verdadeiro espírita pela sua transformação moral e pelos esforços que empregue no sentido de domar suas paixões.

Detalhe significativo: com raras exceções, lamentam os espíritas desencarnados, quando dão notícias pelo correio mediúnico, não terem se dedicado tanto quanto deviam ao esforço do Bem, combatendo mazelas e imperfeições.

Se o Espiritismo é o Consolador prometido por Jesus, o Espírito de Verdade que nos lembra o que o Mestre deixou e desdobra esse conhecimento com uma visão objetiva da realidade espiritual, obviamente isso não é gratuito.

Impraticável e comprometedor, portanto, ser espírita não praticante, um eufemismo usado por irmãos nossos católicos quando não têm coragem de dizer que não estão dando a mínima para sua religião.

***

Ocioso dizer que esse esforço é a melhor propaganda que podemos fazer dos princípios espíritas.

Haverá argumento mais incisivo quanto às excelências de uma luminária, do que simplesmente acendê-la?

Acendendo o Espiritismo em nossas almas, fatalmente atrairemos muitos adeptos, principalmente aqueles com os quais convivemos. Eles reconhecerão estar diante de uma autêntica revelação divina, algo sublime, maravilhoso, uma bênção de Deus, porquanto *domou a besta*, tornando-nos melhores, mais tolerantes, mais calmos, mais compreensivos, mais caridosos...

***

Semelhante empenho, diga-se de passagem, é o mais eficiente recurso para superarmos situações difíceis, relacionamentos conturbados, processos obsessivos.

Com um comportamento consciente, disciplinado, pautado nos valores do Espiritismo cristão:

O marido acalmará as inquietações da esposa vinculada à seita que vê o Espiritismo como obra do demônio.

O funcionário mudará o comportamento do chefe agressivo e truculento, despertando-lhe a consciência de que é preciso respeitar o próximo.

O obsidiado sensibilizará o obsessor que pretende vingar-se de passadas ofensas, levando-o a desistir de seus propósitos.

***

Religiosos de um modo geral aguardam que os poderes que nos governam instalem na Terra o Reino Divino.

Parecem ignorar que, segundo Jesus, isso somente ocorrerá a partir do esforço individual no sentido de instalá-lo em nosso próprio coração.

Trabalharemos por esse glorioso futuro sempre que estivermos dispostos a edificar corações para o Reino, conscientes de que o estaremos edificando em nossos corações.

Recado ao dirigente espírita

Os templos da Terra estão repletos de religiosos sem religiosidade, pretensos beneficiários dos favores divinos, sem nenhuma preocupação em favorecer a instalação de uma sociedade cristianizada.

Pensam muito nos benefícios que desejam. Raramente nos benefícios que devem oferecer.

Mornos na fé, permitem a coexistência pacífica entre ideais e ilusões, virtudes e vícios, altruísmo e egoísmo...

É o que não pode acontecer com o espírita, em face da visão de realidade espiritual que a Doutrina nos oferece.

Explique isso aos frequentadores, reiterando sempre a necessidade de observância da máxima de Kardec.

Centro Espírita que promete benefícios sem enfatizar a necessidade imperiosa de vivência dos princípios doutrinários é agente de propaganda enganosa.

Familiares desencarnados

Desde o falecimento de seu pai, aquela senhora experimentava crises de angústia e inquietação. Eram muito ligados.

Passaram-se semanas e ela continuava deprimida, desalentada.

Buscou auxílio na religião. A presença no culto e as rezas traziam-lhe algum alívio, mas precariamente.

O marido a levou primeiro a um psicólogo, depois ao psiquiatra. Não resolveram o problema.

Compareceram a uma sessão de descarrego, num culto pentecostal. Reunião especializada em exorcismos.

Atendida pelo oficiante, este pronunciou rezas e evocou os poderes do Bem sobre as forças do mal que a perturbavam.

Então, para espanto do marido, visivelmente alterada, ela começou a falar em voz grossa e arrastada.

Surpresa maior! Parecia ser seu pai! Dizia-se perdido e infeliz, sem governo sobre a própria existência, sem saber o que estava acontecendo.

O exorcista foi duro e imperativo com o infeliz, ordenando, em nome de Jesus, que se afastasse.

O manifestante insistia a implorar socorro.

O exorcista insistia em mandá-lo para o inferno.

Após angustiantes minutos naquela insólita situação, a mulher estremeceu e caiu prostrada.

Terminara a sessão. O exorcista informou aos presentes que o tinhoso fora afastado.

Ante a estranheza do marido, em face do que vira, explicou:

– O demônio tem mil faces e costuma enganar as pessoas apresentando-se como se fosse um familiar morto, a fim de ganhar sua confiança. Sabemos que os mortos não se manifestam. Eles dormem até o juízo final!

Com essa explicação enfática e sumária deu o assunto por encerrado, proclamando que a senhora estava plenamente restabelecida.

Cura efêmera.

Em breves dias recrudesceram seus males.

***

Um amigo sugeriu que procurassem o Centro Espírita.

O casal submeteu-se à entrevista fraterna.

O nome da senhora foi encaminhado a uma reunião de ajuda espiritual. Vibrações foram feitas em seu benefício.

Na prática mediúnica repetiu-se o mesmo fenômeno ocorrido na sessão de exorcismo, desta feita por um médium do grupo. Este, com mais experiência e o disciplinamento oferecido pela Doutrina Espírita, transmitia de forma clara e objetiva a manifestação, com a entidade revelando a mesma perturbação e implorando por ajuda.

Ficou evidente que se tratava do pai desencarnado.

Reclamava que médicos e familiares não lhe davam atenção. A própria filha o ignorava e parecia perturbar-se quando lhe pedia socorro. Não entendia por que, porquanto ambos eram muito ligados.

A postura do dirigente da reunião foi totalmente diferente.

Conversou amigavelmente com a entidade, reconhecendo estar diante de um Espírito sofredor, não de uma entidade demoníaca.

Não o esclareceu a respeito de sua nova situação, ciente de que a revelação de que morrera apenas o perturbaria mais. Porém procurou tranquilizá-lo, explicando-lhe que estava num hospital onde se recuperaria plenamente do mal que o acometera.

Depois reencontraria os familiares.

Sabendo-o religioso, recomendou-lhe a oração e a confiança em Jesus para uma recuperação rápida.

A entidade pacificada, permeável agora à ajuda espiritual, foi conduzida a uma instituição assistencial da espiritualidade.

Então ocorreu o prodígio!

Na manhã seguinte, como por passe de mágica, a senhora acordou sem angústia ou perturbação, retornando à normalidade.

***

Episódios assim fazem parte da história de muita gente que recebe benefícios no Centro Espírita.

Para entendermos bem situações dessa natureza é preciso considerar, em primeiro lugar, o despreparo das pessoas para enfrentar a problemática da morte, por falta de informações ou por receberem informações equivocadas, como a de que o *morto* vai dormir até o juízo final, quando haverá a ressurreição dos corpos.

Os Espíritos, como está em *O Livro dos Espíritos*, são os seres pensantes da Criação. Não dependem do corpo para conservar sua individualidade, sua capacidade de pensar e agir.

Acontece o contrário. Ao reencarnarmos nos revestimos de um corpo de carne, que inibe nossas percepções. Só tomamos contato e temos consciência daquilo que passa pelos cinco sentidos – tato, paladar, olfato, visão e audição.

Ao morrer, livramo-nos da armadura de carne. Deveríamos, então, retomar a amplitude das percepções, reintegrando-nos na pátria espiritual.

Ocorre que, vinculados durante tantos anos à existência humana, acabamos nos envolvendo com vícios, paixões e ambições relacionados à jornada terrestre, o que nos impede de identificar a nova situação.

Como o plano espiritual é apenas a projeção do plano físico, o desencarnado permanece por aqui.

Procura os familiares, pede ajuda, irrita-se porque não lhe dão atenção.

Não raro, não por intenção de fazer mal, mas como desesperado pedido de socorro, perturbará o familiar com o qual tenha maior afinidade. Este, captando suas angústias e impressões, passará a experimentar sintomas relacionados com os males que o afligiam. Julgará estar doente.

Nenhum médico, nenhum psicólogo, nenhum tratamento, nenhum exorcista remediará.

O único jeito é conversar com o Espírito e ajudá-lo, preparando-o para ser atendido pelos mentores espirituais.

Assim ele será afastado e os problemas de quem sofre o seu assédio desaparecerão.

***

Costumo situar tais situações como uma *obsessão pacífica*, porquanto não é intencional.

É apenas o náufrago em desespero, agarrando-se a uma tábua de salvação.

A Doutrina Espírita é o maravilhoso manual de *natação espiritual*, preparando-nos para o mergulho no infinito e habilitando-nos a ajudar os que não sabem *nadar*.

Recado ao dirigente espírita

Boa parte das perturbações que afligem as pessoas que procuram o Centro Espírita é originária da obsessão pacífica.

Os voluntários que participam do atendimento fraterno devem ser treinados para detectar esses problemas, encaminhando-os a reuniões mediúnicas específicas, que se façam sempre mais numerosas e operantes.

Centro Espírita sem reuniões de auxílio aos náufragos do Além é hospital sem atendimento de emergência.

A infância e a aborrescência

Um amigo, às voltas com filhos adolescentes, que ele chama de *aborrescentes*, suspirava:

– Ah! Que bom seria se a criançada dormisse no início da puberdade e despertasse na idade adulta!

Reporta-se à complexidade desse ser estranho, instável, inseguro, impertinente, ansioso por autoafirmação, adepto fervoroso da contestação, que olha com desdém para os pais, *esses caretas, mais por fora que braço de afogado.*

E pretende ser dono de seu nariz, embora conste como dependente na declaração de renda familiar, para todos os efeitos, até mesmo quando exercita a liberdade de decidir como vai gastar a mesada.

A solução não seria pô-lo a dormir, mas ajudá-lo a despertar.

O problema do adolescente é justamente o fato de ser alguém que chega ao fim de longo sono, a partir de seu mergulho na carne.

Completado o processo reencarnatório, o Espírito, que até então era pouco mais que um sonâmbulo, entra na posse de si mesmo, de suas tendências e aptidões, embora guardando completa amnésia em relação às experiências anteriores.

A proverbial relutância quanto aos cuidados do próprio corpo, higiene, saúde, regime alimentar, sempre me pareceu mero resultado de longo estágio no plano espiritual, a chamada *erraticidade*, onde certamente perdeu o contato com elementares disciplinas sobre o assunto.

***

Na questão 383, de *O Livro dos Espíritos*, quando Kardec pergunta qual a utilidade de o Espírito passar pelo estágio da infância, diz o mentor:

Encarnando, com o objetivo de se aperfeiçoar, o Espírito, durante esse período, é mais acessível às impressões que recebe, capazes de lhe auxiliarem o adiantamento, para o que devem contribuir os incumbidos de educá-lo.

Observe, leitor amigo, a importância dessa informação!

O período de infância é propício para que influenciemos o Espírito, educando-o para a vida, ajudando-o a superar suas imperfeições e mazelas.

Fragilizado, em face das próprias limitações físicas, sem condições para desenvolver iniciativas próprias, ele é receptivo aos exemplos e orientações que recebe dos adultos.

O velho ditado, *de pequeno é que se torce o pepino*, exprime uma realidade.

Tortuosidades e viciações podem ser superadas com uma educação adequada, conscientes os pais de uma realidade vislumbrada pelo poeta inglês William Wordsworth, ao proclamar:

A criança é o pai do homem.

Tendências e mazelas não superadas na infância, herança do pretérito, moldarão o caráter do adulto.

***

Perguntará o leitor:
E a adolescência? Para que serve?
Meu amigo diz que nesse estágio invertem-se as posições.
Na infância educamos nossos filhos.
Na adolescência eles nos educam.
Somos convocados a exercitar a paciência, a tolerância, a compreensão, o espírito conciliador, a fim de não transformar o lar em arena de intermináveis brigas e discussões.

Dentre as diatribes contestatórias do adolescente está a expressão que costuma usar, quando chamado às falas pelos genitores, em relação ao seu comportamento.

– Não cobrem nada de mim. Não pedi para nascer!

Pretende que não o consultaram para tê-lo como filho.

Que tratem, portanto, de aceitar suas impertinências.

Pobre tolo! Se algo conhecesse sobre as vidas sucessivas jamais falaria assim, tendo em vista o contingente de Espíritos desencarnados a espera da oportunidade de um mergulho na carne para experiências redentoras.

Certamente ele pediu, sim, insistentemente, para que seus pais lhe concedessem a abençoada oportunidade do recomeço, sem a lembrança do passado, a fim de vencer paixões e fixações que precipitaram seus fracassos e o infelicitam.

***

É típico do adolescente situar os pais por incompetentes que não enxergam um palmo adiante do nariz.

Julga-se capaz de fazer muito mais por si mesmo.

É bom que o faça.

Seu futuro depende disso.

Mas, certamente, quando estiver às voltas com filhos adolescentes mudará sua opinião, reconhecendo que os *velhos* fizeram bem mais em seu benefício do que o supunha sua pretensa sabedoria.

Recado ao dirigente espírita

A instalação de núcleos de orientação
para a criança e o adolescente, as
chamadas Evangelização e Mocidade,
é providência inadiável nas atividades do
Centro Espírita, ainda que, em princípio,
com reduzido número de participantes.

Constitui, também, o caminho para uma
vinculação maior dos pais, que podem,
na medida de sua disponibilidade
e disposição, participar desses
abençoados serviços.

*Centro Espírita sem orientação à criança
e ao adolescente guarda portas
cerradas para o futuro.*

Quem não quer crescer...

O Centro Espírita começara com um grupo pequeno de efeitos físicos – materializações, receituário, atendimento espiritual...

A fama espalhou-se.

Aumentou a frequência, gente curiosa, mas, sobretudo, gente sofredora em busca de orientação e cura para seus males.

Os diretores preocupavam-se com aquele movimento que demandava ampliação das instalações.

Procuraram Chico Xavier.

O médium, antes mesmo que expusessem suas dúvidas, demonstrando uma vez mais que enxergava o que estava no íntimo das pessoas, sentenciou:

– Meus irmãos, diz André Luiz que quem não quer crescer não deve nascer...

Ante a surpresa geral, concluiu, como bom mineiro:

– Uai! Vocês não deixaram o grupo nascer? Agora têm que vê-lo crescer para servir cada vez mais aos que sofrem!

***

Assim como em qualquer outra atividade envolvendo a vida em sociedade, o crescimento de um Centro Espírita depende da dinâmica de seu funcionamento.

Se bem administrado, se realiza com eficiência reuniões doutrinárias e serviços de atendimento fraterno e filantropia, atendendo aos carentes de todos os matizes, é natural que se desenvolva, multiplicando bênçãos de auxílio material e espiritual.

Centro Espírita que se torna *familiar*, em reduzido grupo que se reúne rotineiramente, sem cogitar de iniciativas que o dinamizem, cai na estagnação, comprometendo o avanço da Doutrina Espírita.

***

Em *O Livro dos Médiuns*, capítulo XXIX, que trata da composição das sociedades espíritas, Allan Kardec diz da conveniência dos pequenos grupos.

Esse argumento tem sido utilizado por dirigentes de Centros Espíritas, digamos, *parados no tempo*.

Consideremos, entretanto, que nos primórdios da Doutrina, as sociedades espíritas centralizavam suas atividades na prática mediúnica.

Obviamente, para um trabalho produtivo é indispensável que haja uma harmonização do grupo em torno dos objetivos da reunião. Quanto maior, mais difícil acontecer.

Daí a conveniência dos pequenos grupos, de dez a quinze pessoas.

Uma leitura atenta nos permite entender que Kardec reportava-se a esse problema.

Diríamos, então, que essa norma deve ser aplicada à prática mediúnica e não ao Centro Espírita como um todo, envolvendo reuniões doutrinárias, evangelização infantil, passe magnético, assistência espiritual, atendimento fraterno, serviços de assistência e promoção social…

Quanto maior, mais gente participando, mais pessoas atendidas, mais benefícios prestados, favorecendo o avanço do Espiritismo.

O diretor de uma entidade espírita de grande porte, com largo trabalho doutrinário, espiritual e filantrópico, frequentado por milhares de pessoas, foi advertido por um confrade:

– É preciso brecar esse fluxo! Não pode crescer tanto assim!

Ele respondeu:

– O que quer que eu faça? Que ponha uma tabuleta na entrada, avisando que não aceitamos novos frequentadores?

Observe, leitor amigo, que a Doutrina Espírita é muito respeitada em cidades onde Centros Espíritas com lideranças eficientes realizam amplo serviço de divulgação e filantropia.

***

Reitero que as recomendações de Kardec devem ser aplicadas essencialmente ao exercício da mediunidade, o que não impede que cresçam as sociedades espíritas também nesse particular, não em número de participantes de um grupo mediúnico, mas em número de grupos mediúnicos que participam.

No Centro Espírita Amor e Caridade, em Bauru, temos setenta e cinco grupos mediúnicos, compostos a partir de cursos de Espiritismo e mediunidade, em atividades gratificantes que beneficiam multidões de Espíritos encarnados e desencarnados às voltas com dores e atribulações.

Quanto ao mais, caro leitor, lembremos a observação de André Luiz, muito sugestiva, a merecer nossa reflexão:

Quem não quer crescer, não deve nascer.

Recado ao dirigente espírita

Avalie periodicamente alguns aspectos relacionados com o funcionamento da casa espírita que você dirige:

Há aumento da frequência?
Há procura maior pelos serviços de assistência espiritual?

Voluntários têm se apresentado para participar das atividades?

Serviços novos têm sido instituídos, no campo doutrinário e filantrópico?

Se a resposta for negativa, imperioso tomar providências.

Centro Espírita estacionário revela indesejável acomodação e ausência de iniciativa.

Desvios

Quando Frederico Figner (1866-1947), diretor da Federação Espírita Brasileira, faleceu, deixou para Chico Xavier, em testamento, um valor que aplicado lhe garantiria rendimento suficiente para deixar de trabalhar, a fim de dedicar-se exclusivamente à prática mediúnica.

Ao ter notícia da concessão, o médium, surpreso, comentou:

– Senhor! O que será que esse dinheiro quer fazer comigo?

E recusou a doação, assim como muitas outras ao longo de seu apostolado.

Tentou devolvê-la às filhas de Figner. Estas se recusaram a receber, alegando cumprir o desejo do pai.

Chico resolveu o assunto, encaminhando o dinheiro ao departamento editorial da Federação Espírita Brasileira, a ser utilizado para divulgação do livro espírita.

***

Com a sabedoria que o caracterizava, Chico tinha plena consciência de que as facilidades concedidas pelo dinheiro costumam distrair o homem das realizações espirituais, vinculando-o perigosamente aos interesses materiais.

Ao longo de seu apostolado, o grande médium sempre sustentou existência simples e despojada, vivendo sem ostentação, sem os prazeres e conforto que o dinheiro oferece.

Graças a esse empenho, legou-nos um patrimônio infinitamente mais valioso do que a maior de todas as jazidas de diamantes: quatrocentos e doze livros maravilhosos, quais diamantes de brilho incomparável, que dividem o movimento espírita em *antes* e *depois dele*.

***

Quando consideramos que o objetivo primordial da existência humana é o nosso crescimento espiritual, superando vícios, paixões e ambições, há algo que merece nossa reflexão.

Pouco dinheiro ajuda.

Muito dinheiro atrapalha.

Razoável que um chefe de família busque, pelo trabalho digno e honesto, conforto para si e os seus.

O problema é quando o dinheiro deixa de ser um meio de vida e se converte na finalidade dela, quando deixamos de ser senhores do dinheiro e nos transformamos em escravos dele.

O portador de dinheiro amoedado esquece que está na Terra para evoluir, não para acumular bens materiais de que jamais usufruirá, ainda que estenda por milênios a jornada humana.

***

Tenho visto companheiros que alimentaram nos verdes anos o ideal espírita. Situavam o Espiritismo como um movimento glorioso de renovação da Humanidade. Entregavam-se à Doutrina de corpo e alma.

Então, entrou o dinheiro!

Envolvidos com atividades comerciais, seduzidos pela riqueza, afastaram-se paulatinamente.

Continuam ligados ao Espiritismo no campo das ideias, mas desvinculados de qualquer atividade, simplesmente porque não lhes sobra tempo.

Há sempre novos investimentos, novos negócios, novas preocupações financeiras...

***

Se me permite uma sugestão, leitor amigo, quando as coisas começarem a ser fáceis demais e os seus patrimônios estejam a crescer, impondo sua dedicação, é bom lembrar com Chico, em oração:

– Senhor, o que será que esse dinheiro quer comigo?

E talvez, assim pensando, você considere a possibilidade de priorizar os investimentos espirituais, cultivando o empenho de servir, disposto a abrir a bolsa em favor dos menos favorecidos.

Afinal, é para conquistar os patrimônios espirituais, de valor eterno, que estamos na Terra, não para acumular tesouros materiais que pesarão em nossa alma quando retornarmos à pátria espiritual, como lastros a impedir nossa ascese às regiões alcandoradas.

Quando nosso patrimônio material começar a crescer além dos limites da subsistência, será oportuno lembrar com Jesus (Mateus, 19:24):

...é mais fácil passar um camelo pelo fundo de uma agulha do que entrar um rico no reino de Deus.

Recado ao dirigente espírita

Cuidado com os sucessos que monopolizam sua atenção em atividades profissionais, comerciais, sociais...

As forças das sombras, sempre interessadas em conturbar os serviços do Bem, sabem que é mais fácil afastar o servidor com facilidades que o distraem do que com problemas e dificuldades que tendem a ligá-lo aos valores espirituais.

Centro Espírita com dirigentes empolgados com a própria prosperidade, resvalando para a ambição, não contará com eles por muito tempo.

A roupa de ver Deus

Vai longe o tempo em que terno e gravata faziam parte do cotidiano masculino.

No cinema, nos bancos, no comércio, em reuniões sociais, ninguém estaria *decente* sem a tira de pano ao redor do pescoço, camisa de colarinho duro, convenientemente coberta pelo indefectível paletó.

O rigor era tanto que em alguns locais forneciam-se surradas gravatas, por empréstimo, aos desleixados.

Depositava-se o valor correspondente que era restituído na devolução, evitando que os *fregueses* a levassem.

A moda feminina era mais flexível, mas sempre pautada por vestuário recatado.

Nada que lembrasse as burcas afegãs, porém saias longas, vestidos sem decote, ombros cobertos...

***

Hoje tais rigores estão superados.

Vivendo num país tropical, de tórrido verão, é inconcebível usar tanto pano, com os inconvenientes que lhe são inerentes: suor excessivo, calor sufocante, mal-estar, certo odor...

Não obstante, há limites a serem observados.

É preciso algum cuidado, evitando converter o espaço urbano em extensão dos campos de nudismo, num retorno impudente ao naturalismo inocente de Adão e Eva.

Disciplinas devem ser observadas, particularmente nos templos religiosos.

A atenção dos fiéis não pode ser desviada ou perturbada pela exposição dos delicados atributos femininos ou da desaprazível pilosidade masculina.

***

A participação em atividade religiosa é um momento solene.

Direta ou indiretamente estamos buscando a comunhão com o Senhor Supremo, Nosso Pai.

É de bom-tom que estejamos convenientemente trajados.

Algumas correntes religiosas até exigem de seus profitentes os mesmos rigores do passado.

Impõem a *roupa de ver Deus*.

Terno e gravata para os homens; panos sobrando para as mulheres.

Exageros à parte, forçoso reconhecer que há algo inadmissível: ostentar no recinto consagrado à atividade religiosa a mesma descontração com que comparecemos à praia ou ao balneário.

Esse princípio vale para o Centro Espírita.

Nele temos:

A escola abençoada...

O hospital das almas...

A oficina de trabalho...

É também o recinto sagrado onde buscamos a comunhão com a espiritualidade: o templo de nossa fé.

Imperioso, portanto, que respeitemos o Centro Espírita e o que ele representa, guardando em suas dependências um cuidado fundamental:

Sobriedade no vestir!...

Recado ao dirigente espírita

Cartazes e avisos fixados em locais estratégicos devem alertar os frequentadores quanto aos cuidados com o vestuário ao entrarem.

Enfatizar, em reuniões públicas, a respeitabilidade da casa espírita, que pode ser hospital, escola, oficina de trabalho, mas é, também, um templo sagrado.

Centro Espírita com frequentadores à vontade no vestir, sem regras de urbanidade, não está atento ao fato de que o desrespeito, não raro, é filho da ignorância.

A cadeira vazia

Era singela igreja, em distante bairro londrino, frequentada por moradores da região.

Religiosa assiduidade do pequeno grupo.

Cadeiras cativas; as pessoas de sempre, ocupando sempre os mesmos lugares...

Familiaridade sustentada por longa convivência.

Ano após ano, ali estavam, ouvindo sermões que se repetiam infalivelmente, como o suceder das estações. Inabalável rotina, bem de acordo com as tradições inglesas.

Certa feita o pastor notou uma cadeira vazia. Estranhou, mas logo esqueceu, absorvido por suas atividades.

Na semana seguinte, a mesma ocorrência. Ninguém soube informar o que estava acontecendo.

Na terceira ausência, resolveu visitar o faltoso.

Foi encontrá-lo lendo, tranquilo, aquecendo-se junto à lareira, em sua casa.

– Está doente, meu filho?
– Não, senhor. Estou muito bem.
– Algum problema?
– Tudo em ordem.
– Não tem comparecido...

O fiel renitente esboçou um sorriso e respondeu reticente:

– Frequento o culto há mais de vinte anos... Sento na mesma cadeira, pronuncio as mesmas orações, canto os mesmos hinos, ouço os mesmos sermões... Sei tudo de cor. Penso que já não preciso comparecer...

Após refletir por breves momentos, o pastor dirigiu-se à lareira, atiçou o fogo e de lá retirou uma brasa.

Ante o olhar curioso do dono da casa, colocou-a sobre a soleira de granito, na janela.

Longe do braseiro, logo perdeu o brilho e se apagou. Em breves momentos reduziu-se a um carvão coberto de cinza.

Surpreso, o fiel recalcitrante cedeu:

– Tudo bem, pastor, entendi a mensagem.

A partir daquele dia, voltou a ocupar sua cadeira na igreja.

***

Se imagina, caro leitor, que estou a sugerir-lhe que deve frequentar regularmente reuniões doutrinárias, nas Casas Espíritas, está redondamente... certo!

O exemplo das brasas é significativo.

É preciso que nos mantenhamos *acesos* e *quentes*, a evitar que se apague o calor da fé ou deixe de reluzir o brilho do ideal...

Quando nos integramos numa atividade dessa natureza, guardando assiduidade e interesse, é como se formássemos um corpo composto pelos participantes. Células que interagem, estimulando-se reciprocamente quanto aos objetivos que as orientam.

Isso acontece particularmente em relação ao aspecto religioso, que sobressai nas reuniões doutrinárias, sob evocação de Jesus. Os comentários evangélicos, à luz da Doutrina Espírita, são estímulos que se renovam, lembrando-nos que é preciso superar nossas fraquezas e mazelas.

Consideremos, também, conforme informam os mentores espirituais, que, durante a reunião, médicos desencarnados nos auscultam e atendem, amenizando dores e inspirando-nos a solução de problemas.

Há muito a ganhar nesses contatos.

***

Se o leitor alegar que as reuniões, não raro, são tediosas, marcadas por insuperável mesmice, compondo enjoada rotina, também concordarei.

Não devem, obviamente, reduzir-se a aborrecido *sacrifício ritual* que nos habilite a receber as dádivas espirituais.

Teoricamente, uma situação dessa natureza jamais ocorreria num Centro Espírita. Sem ritos e sem rezas, calcada nos livros da Codificação, a reunião pública tem tudo para sustentar o interesse e a atenção dos frequentadores, favorecendo a assiduidade.

Para tanto, os que fazem uso da palavra não podem descuidar do estudo, do aprendizado incessante, desenvolvendo a capacidade de se comunicarem.

Quando os expositores se esmeram nesse propósito, não há cadeiras vazias.

***

A repetição de conceitos e lições, a longo prazo, poderá sugerir ao frequentador mais antigo a ideia de que já não tem nada a aprender.

Aqui, uma providência que compete a todo espírita esclarecido: superar a presença passiva, a condição de mero ouvinte e beneficiário.

Se você frequenta há algum tempo as reuniões, é chegado o momento de assumir compromissos nas reuniões doutrinárias.

Converse com o dirigente. Manifeste sua disposição em desempenhar alguma tarefa.

Quando deixamos a condição passiva para a dinâmica do trabalho, fica bem mais fácil manter o interesse, a frequência, valorizando nossa presença e nos habilitando a inesgotáveis benefícios.

***

Um dirigente alega a impossibilidade de dinamizar as reuniões doutrinárias, porque a frequência é pequena e são raros os colaboradores.

Está confundindo efeito com causa.

Não é a frequência baixa que impede a instalação de uma biblioteca, uma livraria, o serviço de passes, o atendimento fraterno...

É a falta deles que faz baixar a frequência.

Quanto aos colaboradores, não há problema.

Se criarmos o serviço logo aparecerá o servidor, desde que lhe ofereçamos oportunidade, sem criar embaraços.

***

Para que a mensagem espírita cumpra sua finalidade de esclarecimento e renovação é imperioso seja divulgada.

É a principal missão do Centro Espírita.

É preciso que nos conscientizemos disso, superando a modorra, a inércia, a rotina...

Que saibamos *soprar*, fazer o Centro crescer na capacidade de integrar servidores e desenvolver serviços, fogo sagrado a sustentar brasas ardentes do ideal espírita.

Recado ao dirigente espírita

Prepare, juntamente com os expositores das reuniões públicas, roteiros dinâmicos de orientação doutrinária, enfocando temas de atualidade, à luz do conhecimento espírita, despertando o interesse pelo aprendizado que sustenta a assiduidade e estimula a participação.

Centro Espírita sem expositores estudiosos e criativos e sem oferta de serviços é sinônimo de casa vazia.

Do grupo ou do Centro?

Peço licença ao leitor para uma pergunta:
– Você participa de reuniões mediúnicas?

Se responder negativamente, receba minhas condolências. Não pretendo dizer que sua fé está morta. Apenas lastimo a oportunidade perdida.

O intercâmbio com o Além, essa conquista maravilhosa do Espiritismo, dádiva do Céu em nossas vidas, faculta-nos benefícios inestimáveis:

- O contato com entes queridos que nos precederam na viagem além-túmulo.

- O socorro dos mentores espirituais em relação aos nossos males.

- O afastamento de eventuais *encostos*, Espíritos que, consciente ou inconscientemente, nos perturbam.

- O exercício da caridade, atendendo entidades sofredoras que enfrentam as consequências de seu despreparo para a vida espiritual e o comprometimento com vícios e paixões.

- O estímulo à renovação nesses *espelhos de nossas almas*, cuja dolorosa situação é uma advertência severa: – Cuidado com o que faz, como vive... Amanhã você poderá estar entre nós.

Espírita que não participa de reuniões mediúnicas lembra o homem sedentário que não se dispõe a exercícios saudáveis.

***

Bem, leitor amigo, se você respondeu afirmativamente à pergunta inicial, parabéns!

Faço-lhe duas outras, envolvendo atividades no campo mediúnico. Pense bem.

Você:

a) Participa de um grupo mediúnico que funciona num Centro Espírita?

b) Participa de um Centro Espírita, também colaborando em reuniões mediúnicas?

Embora pareçam exprimir a mesma ideia, as duas opções têm diferenças fundamentais.

No primeiro caso temos pessoas que se reúnem num Centro Espírita, alheias às suas atividades, como se fossem meros inquilinos ocupando uma de suas dependências.

E maus inquilinos, porquanto não se preocupam sequer em contribuir para o pagamento das despesas relacionadas com as instalações que usam, envolvendo energia elétrica, limpeza, conservação, funcionários...

***

Quando comecei a frequentar o Centro Espírita Amor e Caridade, de Bauru, ainda jovem, estranhei uma exigência do mentor da casa em relação aos candidatos ao trabalho mediúnico.

Deveriam estar integrados na casa, participando de outras atividades, particularmente nos serviços assistenciais.

Achava essa medida antipática e absurda.

Afinal – pensava – o trabalho mediúnico não tem nada a ver com os demais serviços do Centro.

Hoje entendo diferente.

É fundamental que o participante do grupo mediúnico esteja integrado no Centro, voluntário em outras atividades, particularmente na área assistencial.

Fácil entender por que:

- Unidos em torno de ideais comuns, seremos mais fortes, melhor protegidos de influências espirituais passíveis de desestabilizar o grupo mediúnico.

- Oferecendo uma dedicação maior, particularmente na área assistencial, elevaremos nosso padrão vibratório para uma existência mais tranquila e feliz.

- Conheceremos melhor as necessidades e dificuldades da Casa Espírita, dispondo-nos a uma colaboração mais produtiva em favor da sustentação e expansão de seus serviços.

Há quem julgue ociosas tais considerações. Entende que são exceções os *inquilinos*.

Infelizmente, a experiência demonstra que semelhante anomalia é bem maior do que seria razoável.

Sugiro a você, leitor amigo, uma reflexão em torno do assunto, e praza aos Céus possa responder com ênfase, quando indagado quanto às suas atividades no campo da mediunidade:

– Com a graça de Deus, participo de um Centro Espírita, onde também colaboro em reuniões mediúnicas!

Recado ao dirigente espírita

Promova cursos de Espiritismo e Mediunidade, com um currículo que termine na instalação de grupos de intercâmbio com o Além, enfatizando a integração dos alunos nas atividades da seara espírita.

Assim, a cada curso concluído haverá um grupo mediúnico consciente e participativo, empenhado em servir.

Centro Espírita com grupos mediúnicos alheios às demais atividades é mera prática mediúnica sem os valores do Espiritismo praticado.

Mourões...

A senhora estava infeliz.

Integrada no movimento espírita, em cidade aprazível e acolhedora, onde cultivava largo círculo de amizades, via-se na contingência de acompanhar o marido, transferido para cidade distante.

Comparecendo a uma reunião da qual participava Chico Xavier, escreveu-lhe uma carta, expondo suas angústias e incertezas. Pediu ao marido, com acesso ao médium antes do início, que a entregasse.

Chico a recebeu e guardou no bolso, sem poder apreciar seu conteúdo, porquanto estava rodeado por uma multidão desejosa de vê-lo, tocar nele, beijar-lhe a mão, receber sua bênção...

Ao término da memorável reunião, a senhora, postada na extensa fila para os cumprimentos finais, ouviu, surpresa, o médium, que não a conhecia, dizer-lhe:
– Que coisa feia, professora! O que seria do Cristo se todos os mourões pretendessem ficar juntos? Vá e cumpra sua obrigação!
Atendendo à recomendação incisiva, ela partiu com o marido.
Ao longo dos anos situou-se como valioso *mourão,* contribuindo com sua experiência para o crescimento de laboriosa comunidade espírita.

***

Este episódio, que reafirma os prodigiosos poderes de Chico Xavier, capaz de ler na mente da consulente suas reclamações, antes de ler sua carta, enseja oportunas reflexões.
Velho confrade, já falecido, costumava dizer que a vida é uma caixinha de surpresas. De repente somos defrontados por situações que impõem radicais transformações em nossa rotina.

- O amigo que parte.

- O ente querido que nos deixa.

- A mudança de emprego.

- A transferência profissional.

- O falecimento do familiar.

- A doença inibidora.

- O prejuízo financeiro.

- O acidente com sequelas.

Em princípio nos oprimem, desestimulam e até desestabilizam, mas, passada a crise, a agitação, sempre que as enfrentamos com fé e confiança em Deus, situamo-nos mais fortes.

***

Destaque especial na fala de Chico:

Para expandir-se, a seara do Cristo necessita de servidores dispostos a enfrentar essas alternâncias do destino, sem esmorecimento, habilitando-se a mourões capazes de sustentar os serviços do Bem onde estiverem, ampliando sempre sua abençoada atuação.

O Cristianismo nascente desenvolveu-se à medida que os apóstolos, os mourões escolhidos, não se amarraram uns aos outros, a enfrentar o desafio de se estenderem à distância, deixando a Palestina para fundar novas igrejas.

André morreu crucificado em Acaia, região da antiga Grécia.

João, após longo degredo na ilha de Patmos, passou seus últimos anos em Éfeso, cidade grega.

Pedro foi crucificado em Roma.

Filipe desenvolveu intenso labor na Ásia Menor, onde foi martirizado.

Natanael ou Bartolomeu pregou o Evangelho na Índia, onde teria sido esfolado vivo e decapitado.

Simão, o Zelota, e Judas divulgaram o Evangelho na Pérsia, ali morrendo martirizados.

Destaque para o apóstolo Paulo, que, identificando no Evangelho uma mensagem de caráter universal, não um mero desdobramento do judaísmo, converteu-se no grande bandeirante do Evangelho. Levou as lições de Jesus às mais remotas regiões, conquistando adeptos, fundando igrejas, sempre ativo e operante, até sua morte em Roma, decapitado a mando do imperador Nero.

***

O próprio Chico enfrentou essa contingência quando, por motivos pessoais, transferiu-se de Pedro Leopoldo para Uberaba.

Imagino como foi difícil deixar familiares e tantas amizades cultivadas ao longo de décadas, mourão literalmente *enraizado* em Pedro Leopoldo.

Mas foi a partir dessa mudança, em 1960, que Chico receberia livros e mensagens *à mão cheia*, como diria Castro Alves, e passaria a personificar o próprio Consolador, com uma literatura mediúnica dirigida essencialmente ao coração, fortalecendo o mourão que há em todos nós, potencialmente, para que, assimilando sua mensagem, sejamos, onde estivermos, o sustentáculo da harmonia e da paz.

Recado ao dirigente espírita

Não critique o companheiro que decide participar de outra casa espírita ou transfere-se de cidade.

É preciso respeitar o livre-arbítrio de cada um, mesmo porque não temos conhecimento dos caminhos traçados pela espiritualidade. Não raro, o que nos parece uma deserção é apenas o cumprimento de um projeto de vida.

Centro Espírita que pretenda impor vinculação irrestrita aos seus participantes desconhece a liberdade de consciência consagrada pela Doutrina Espírita.

Fofocas

Indagado quanto à solução para os problemas de relacionamento no Centro Espírita, diz Chico Xavier:

Devemos efetuar campanhas de silêncio contra as chamadas fofocas, cultivando orações e pensamentos caridosos e otimistas em favor de nossa união e de nossa paz.

Os mentores espirituais nos advertem constantemente quanto às perseguições movidas por entidades que se sentem incomodadas pela ação saneadora do Espiritismo, cujas orientações neutralizam sua influência perturbadora.

Quais senhores feudais que não querem perder o seu domínio sobre os vassalos, arremetem contra os *rebeldes*, que se atrevem ao empenho de libertação e dispostos a contaminar outros *vassalos* com suas ideias renovadoras.

***

Inteligentes e ardilosos, esses agentes das sombras não criam grandes embaraços aos servidores do Centro Espírita. Sabem que quando a pressão é demais há um efeito contrário. Suas vítimas ligam-se à oração, cultivam a solidariedade, ajudam-se mutuamente, neutralizando sua influência.

Agem de forma sofisticada.

Limitam-se a semear a dissensão, a partir da aparentemente despretensiosa fofoca, a maledicência veiculada sem compromisso, assim como quem vende pelo preço que comprou.

***

A respeito do assunto há ilustrativa história narrada pelo Espírito Humberto de Campos, em psicografia do próprio Chico.

Fala de frondosa árvore que era o refúgio de viandantes que procuravam sua sombra em meio ao calor escaldante e de aves que instalavam ninhos em seus galhos verdejantes.

A árvore resistia aos temporais violentos, às enchentes, ao calor abrasante, à seca terrível, mas acabou vitimada por bichinhos.

Minúsculos, quase invisíveis, ninguém lhes deu atenção quando se instalaram na árvore. Multiplicaram-se sem resistência, ganharam as raízes da árvore e começaram a devorá-la devagarzinho.

Em breve, o gigante do solo, que resistira às intempéries, estava reduzido a lenho seco, destinado ao fogo.

Os bichinhos da história são as fofocas, tão a gosto da inferioridade humana, capazes de comprometer as mais saudáveis e produtivas instituições.

Constituem o instrumento predileto dos Espíritos que querem conturbar o ambiente espírita. Sabem que raros resistem à tentação de pôr lenha na fogueira quando se fala mal de alguém ausente.

***

Quando pretendamos criticar o companheiro ausente, será conveniente perguntar a nós mesmos, antes de *mandar brasa*:

– Estou defendendo o Bem e a Verdade, ou apenas busco destaque pessoal, na base do *rebaixar alguém para acima dele ficar?*

Há sempre um gostinho de realização pessoal no menosprezo ao semelhante, negligenciando a caridade.

Melhor orar por ele ao invés de falar mal dele.

Peçamos, sobretudo, por nós.

Que Deus nos dê forças para prender a língua nos limites do silêncio, quando tentados a exercitar a maledicência, a partir da *inocente* fofoca.

Recado ao dirigente espírita

Crie a rotina de reuniões semanais de diretores e voluntários encarregados de núcleos de serviço para *discutir o Centro*, isto é, trocar ideias em torno das atividades da casa espírita, como o melhor recurso para fortalecer elos e superar divergências.

A união disciplinada, indispensável à sustentação de qualquer projeto, exige disposição para disciplinadas reuniões.

Centro Espírita sem contatos frequentes entre diretores e colaboradores está de portas abertas ao desentendimento.

O caranguejo

O pregador anunciou:
– Meus queridos companheiros de ideal, tenho três notícias. A primeira é ruim. Diz respeito a algo que todos já notaram: nosso templo está em péssimas condições. Necessita de uma reforma.
– Oh!...
– A segunda é boa: temos o dinheiro!
– Ah!...
– A terceira pode ser ruim ou boa. Depende de cada um. O dinheiro está no bolso de vocês!
– Ui!...

***

Essa pitoresca história ajusta-se com perfeição às lides espíritas:

Há dinheiro para sustentar e dinamizar os Centros Espíritas, em reformas e ampliação de serviços.

Só há um probleminha:

Está no bolso dos espíritas.

Importante, a propósito, considerar a máxima de Kardec:

Fora da Caridade não há Salvação.

Os Centros bem orientados transformam-se em células atuantes e empreendedoras.

Além da atividade doutrinária, há a assistência e promoção de famílias carentes, em creches, berçários, hospitais, escolas, albergues, lares da infância e da velhice...

Está implícita nos textos doutrinários, permanente convocação às atividades voluntárias em favor do bem comum.

É preciso estar muito distraído ou indiferente para não perceber isso.

***

Infelizmente, partindo do princípio de que o Espiritismo é a doutrina da consciência livre, essas iniciativas ficam ao arbítrio das pessoas que, mesmo quando se conscientizam, tendem a estabelecer cotas mínimas de participação e contribuição.

Isso ocorre particularmente em relação ao dinheiro, o chamado vil metal, quando usado em interesses pessoais, mas que poderia ser transformado em metal nobre para atender às carências humanas.

Em muitos Centros esse assunto é tabu.

Alega-se que falar em dinheiro passaria a impressão de que estamos cobrando por benefícios prestados àqueles que buscam ajuda espiritual.

Cotizam-se alguns diretores para pagar despesas básicas – zelador, água, luz, telefone, limpeza...

Quando se cogita de qualquer novidade, envolvendo um serviço assistencial, a pintura inadiável, a ampliação necessária, a despesa inesperada, dão tratos ao bestunto, pensando em almoços, bazares, feiras, sorteios, campanhas de jornais, livros, vidro, garrafas, alumínio, plástico, e tudo o mais que possa render alguns trocados.

É louvável, mas seria muito mais prático e produtivo se todos se dispusessem a contribuir regularmente, considerando que integram uma sociedade espírita que, como ocorre com todas elas, deve exigir de seus participantes o cumprimento de determinados deveres estatutários, a começar pelo elementar – efetuar contribuição mensal.

***

Outra questão espinhosa: o valor da contribuição.

Geralmente as pessoas oferecem sobras.

Justamente por isso muitos não contribuem.

É que, segundo seus programas, há sempre compromissos inadiáveis que absorvem as disponibilidades.

– Estou reformando minha casa...
– Viajarei de férias...
– Troquei de automóvel...
– Ampliei meus negócios...
– Fiz investimentos...
– Meu filho entrou na faculdade...
– Há gente doente em casa...

Oportuno lembrar a passagem evangélica da viúva pobre, em Lucas, 21:1-4:

Olhando, Jesus viu os ricos lançarem as suas ofertas no gazofilácio, onde eram depositadas as oferendas.
Viu também uma viúva pobre lançar ali duas pequenas moedas.
E disse:
— Em verdade vos digo que esta viúva pobre deu mais do que todos. Todos estes deram como oferta daquilo que lhes sobrava; mas ela, da sua pobreza, deu todo o sustento que tinha.

A observação do Mestre é de clareza meridiana.

Enquanto nossas contribuições girarem em torno de sobras, pouco faremos, porquanto na contabilidade dos interesses particulares sempre falta o necessário.

Mesmo generosos saldos credores são registrados como reserva técnica para *atender a problemas eventuais.*

Resultado – nunca sobra nada.

A experiência demonstra que quando superamos essa tendência e nos dispomos a contribuir generosamente, somos recompensados com bênçãos que o dinheiro não pode comprar.

Lembro-me de um amigo, comprometido com a usura.

Para desespero seu, gastava muito com problemas de saúde, pessoais e familiares.

Nunca tinha disponibilidades a oferecer, sempre temeroso de lhe faltarem recursos para atender aos males que se sucediam.

Um dia criou coragem, livrou-se do caranguejo (as pessoas muito apegadas parecem ter o crustáceo no bolso, guardando seu dinheiro).

Timidamente em princípio, começou a usar os seus haveres para atender às carências alheias.

Para sua surpresa, quanto mais oferecia, menos gastava com médicos e remédios.

Uma boa troca.

Poderíamos, em favor dessa tese, lembrar que:

Quem dá aos pobres empresta a Deus.

Considerando que, em última instância, tudo pertence a Deus, somos apenas depositários do dinheiro que amoedamos.

A mordomia justa e perfeita será sempre aquela que nos leva a atender os filhos de Deus com seu próprio dinheiro, transitoriamente confiado à nossa administração.

Vale lembrar, a esse propósito, o célebre conto de Tagore, em que um aldeão, procurado pelo Senhor da Vida, deu-lhe apenas um grão do trigo que trazia em seu alforje.

Depois, em casa, constatou que no lugar do grão doado estava uma gema preciosa.

E lamentou o parcimonioso doador:

– Tolo que fui! Deveria ter entregado todo o trigo ao Senhor da Vida!

***

O valor da contribuição e sua regularidade são um assunto resolvido pelas igrejas evangélicas.

Com base em textos bíblicos, estabelecem o dízimo, a décima parte do rendimento dos fiéis, entregue mensalmente à igreja.

Uma serviçal doméstica ganhava perto de dois salários mínimos. Antes de qualquer iniciativa, retirava os sagrados dez por cento para a igreja que frequentava, embora lhe fizessem falta. Viúva, tinha quatro filhos pequenos. Não obstante, contribuía religiosamente, considerando que seria um *roubo* ficar com o *dinheiro de Deus*.

Podemos questionar tamanho rigor, não obstante a lição de Jesus, mas é inegável que dá resultado.

Os profitentes levam a sério a necessidade de contribuir e com isso as igrejas brotam em todos os bairros e o movimento cresce a olhos vistos.

De moto-próprio, deveríamos fixar uma porcentagem sobre rendimentos, destinada às obras espíritas, superando um problema que é frequente nos Centros Espíritas:

O dinheiro para a necessária reforma, a pintura, a instalação do serviço assistencial, a publicação do periódico, a biblioteca, a livraria espírita, e muito mais, permanece sequestrado pelo caranguejo em nosso bolso.

Recado ao dirigente espírita

Institua uma carteira de contribuintes, conscientizando os frequentadores de que é preciso reservar uma porcentagem de seus rendimentos para o Centro Espírita, sem esperar por sobras, como um investimento valioso e indispensável no *Banco da Providência,* que paga rendimentos generosos de bem-estar e felicidade.

Centro Espírita sem contribuintes conscientes, pontuais e generosos é investimento promissor com carência de investidores.

Montar a *padaria*

Bem, leitor amigo, não padece dúvida que o livro é o *arauto da grande luz*, conforme a feliz expressão poética de Castro Alves, em *O Livro e a América*.

Mais força ganha essa definição quando nos reportamos ao livro espírita, que abre horizontes espirituais, a transformar mera questão de fé em gloriosa realidade demonstrada pela literatura mediúnica, na qual pontifica a figura extraordinária de Francisco Cândido Xavier.

Não obstante, há um grande desafio a enfrentar para que o livro espírita cumpra sua grandiosa missão: *divulgação*.

Encontramos poucos títulos relacionados com o Espiritismo nas discretas gôndolas reservadas pelas livrarias laicas à denominada *literatura espiritualista*, a disputar espaço com esoterismo, rosa-cruzismo, cromoterapismo, cristalterapismo, umbandismo e outros *ismos*, confundindo o leitor.

No lançamento de um de meus livros, atrevi-me a consultar grande rede de livrarias, quanto à possibilidade de erguer uma daquelas pilhas, sentinelas da cultura, que ficam à entrada.

A eficiência é inquestionável.

Impossível ignorar esses *monumentos de papel*, já que praticamente neles tropeçamos quando ali transitamos.

A tentativa foi frustrada quando tomei conhecimento do valor exorbitante que cobram para isso. Imagino que o lucro maior desses *palácios do conhecimento* reside não na venda dos livros, mas na exposição deles.

Por outro lado, em programas de entrevistas, na televisão, quando se trata de um autor desconhecido, os comunicadores invertem o *cachê:* ao invés de pagar pela entrevista, cobram do entrevistado os *olhos da cara.*

Somente as grande editoras têm *cacife* para bancar o investimento que, por sinal, é o leitor quem paga. Observe como os livros assim expostos custam caro.

A partir desse mecanismo perverso são *fabricados* os *Best-sellers.* Obras não raro medíocres, que nada acrescentam, são entronizadas na desejada lista dos mais vendidos, o *olimpo editorial.*

Quando isso acontece, o livro *decola,* vende muito, por inércia, como um nave espacial a deslizar no vazio sideral, após ser colocada em órbita.

***

Indispensável, por isso, dar ênfase à comercialização do livro espírita em nossos arraiais. Situemos o conhecimento espírita como o *pão da vida,* que sacia nossa fome de espiritualidade, nutrindo nossa alma para uma existência tranquila e feliz, ainda que enfrentando as atribulações próprias deste planeta de expiações e provas.

Neste aspecto, consideremos o Centro Espírita como a nossa *padaria*, em três vertentes:

Livraria.

Alguns títulos, particularmente de Allan Kardec, representam promissor início.

Não importa o tamanho do Centro. Sempre haverá espaço para a comercialização de obras doutrinárias, favorecendo iniciantes e iniciados.

Os responsáveis, em cursos e reuniões públicas, grupos mediúnicos e tudo o mais que se faça envolvendo conteúdo doutrinário, devem enfatizar o valor da leitura, sugerindo títulos, elegendo livros para estudos, comentando seu conteúdo.

É preciso estimular nos frequentadores o hábito da leitura doutrinária, que descortina inigualáveis horizontes espirituais.

Clube do Livro Espírita.

Os associados recebem, mensalmente, um livro especialmente selecionado pelo valor da mensalidade, que sempre é bem menor do que o preço normal.

Não exige capital. O CLE compra o livro para pagamento em sessenta e noventa dias, tempo mais que suficiente para fazer a distribuição e a arrecadação.

Em 1976 participei de um amplo movimento de divulgação do CLE, de caráter nacional, com textos inseridos em jornais e revistas espíritas.

Enfatizávamos que o funcionamento do CLE é tão simples, tão prático e produtivo, que se situa como o *Ovo de Colombo* da divulgação.

Qualquer Centro Espírita pode *pôr esse ovo em pé,* instalar o CLE. Bastam dez associados para começar.

O sucesso foi imediato. Em breve tínhamos o registro de perto de duzentos CLEs por todo o país. Hoje esse número é bem maior.

O CLE é um prodígio comercial em que todos ganham.

O leitor compra o livro mais barato...

As editoras e livrarias vendem mais...
O Espiritismo caminha mais depressa.

Biblioteca.
Essa a iniciativa mais simples.
Com campanhas de doação de livros usados, facilmente o Centro Espírita a instala.
Pode ser *incrementada* com índices por autor e assunto, que a tornam mais atraente, atendendo ao gosto literário dos interessados.

***

Confrades alegam impossibilidade de investir na *padaria* – Centro pequeno, pouca gente, reduzidos recursos...
Lembrando tema bem familiar nas lides espíritas, não estarão confundindo *efeito* com *causa*?
Não será por falta de iniciativas dessa natureza que o Centro é pequeno e tem pouca gente?

Quanto aos recursos, o único indispensável é a boa vontade, o *maravilhoso fermento,* que pode transformar o Centro Espírita em abençoada *padaria da alma,* com destaque para esse maravilhoso *pão* – o livro espírita.

Coragem também ajuda, como destaca Peter Drucker, o *guru* da moderna gestão de finanças:

Para ter um negócio de sucesso, alguém, algum dia, teve que tomar uma atitude de coragem.

Recado ao dirigente espírita

Institua o CLE com os
seguintes passos:
a) Lista de adesões.
b) Fixação da mensalidade.
c) Compra do livro do mês em
quantidade compatível com as adesões.
d) Entrega aos associados, que podem
retirá-lo na secretaria ou recebê-lo
em sua casa (com a colaboração
de voluntários).

Com o lucro instale a livraria.

Com doação de livros instale a biblioteca.

Não perca tempo!

Centro Espírita sem livros é padaria sem pão.

Gênios para o Céu

Participávamos de um trabalho de assistência espiritual, em casa de confreira espírita. Uma senhora transmitia a manifestação do mentor espiritual, a orientar sobre seu problema.

Em dado momento, um companheiro falou-me baixinho:

– Mediunidade autêntica! Veja que uma mosca pousou em seu rosto, sem reação de sua parte. Está em legítimo transe.

Olhei, admirado, para a médium. Não me dera conta daquele pormenor. Realmente, o impertinente inseto estava por ali, alternando voos e pousos na pista facial.

Pois bem, caro leitor, a observação veio do nosso querido Hernani Guimarães Andrade, que nos deixou na madrugada do dia 25 de abril de 2003, retornando à pátria espiritual, pouco antes de completar noventa anos.

Bem típico de sua maneira de ser, do grande pesquisador que foi, atento aos detalhes.

Numa área de atuação em que há histórica carência nas lides espíritas brasileiras, Hernani pontificou como o nosso mais legítimo representante, dedicando a existência ao empenho por demonstrar, cientificamente, a validade das teses defendidas por Allan Kardec.

E o fez com extraordinária competência, legando-nos brilhante acervo de obras de caráter científico, fruto de longos anos de pesquisas.

Seus livros sobre a reencarnação, evolução, ciência, fenômenos mediúnicos e outros temas, enriquecem a literatura espírita, situando-o por autêntico sucessor dessa plêiade de cientistas que pontificaram na abordagem científica do Espiritismo – Camille Flamarion, Gabriel Delanne, Gustave Geley...

***

Para nossa felicidade, mudou-se para Bauru em 1992, com seu amado IBPP-Instituto Brasileiro de Pesquisas Psicobiofísicas, que desde logo congregou grande número de participantes dos cursos que ministrava no Centro Espírita Amor e Caridade.

A partir de sua orientação funciona no CEAC um Curso de Espiritismo Científico, em três módulos que têm por base quatro de suas obras:

Parapsicologia, uma Visão Panorâmica.
Morte, Renascimento e Evolução.
Espírito, Perispírito e Alma.
Psi Quântico.

Respondendo perguntas ou discorrendo sobre Ciência e Espiritismo, a todos impressionava com sua lucidez e clareza na abordagem dos mais complexos temas.

Correspondia-se com pesquisadores de vários países, interessados em suas teses, e frequentemente tínhamos notícia da presença de visitantes do exterior, que vinham beber na fonte de sua sabedoria.

Pouco antes de seu retorno à Vida Espiritual, estive com ele em sua casa, no período da tarde. Revelava a vitalidade intelectual de sempre, embora fisicamente debilitado.

Conversamos sobre temas espíritas e ele nos dizia que não demoraria muito a contemplar *in loco* a maravilhosa realidade espiritual de que nos dá notícia a Doutrina Espírita.

Há tempos comentava sobre sua partida. Percebia que sua hora estava chegando e o fazia com a serenidade de quem sabe que a vida verdadeira está *do outro lado*.

Comentou sobre o grande mistério que fora objeto de suas preocupações e estudos, durante toda a existência, que ensejara, inclusive, o desenvolvimento de uma de suas brilhantes teses – a natureza do Espírito.

***

Como acontece com os missionários autênticos, o que mais impressionava no querido companheiro era sua figura humana.

Mente tranquila, coração em paz, não havia *tempo ruim* para ele. Ao seu lado a vida fluía sorridente. Adorava contar fatos pitorescos e a todos contagiava com seu bom humor. Dotado de encantadora simplicidade, confraternizava com pessoas de todas as classes sociais, recebendo com alegria e atenção tanto o *figurão*, quanto o humilde servidor.

Todos nós, que tivemos a honra de conviver com ele, de aprender com sua sabedoria e nos edificarmos com seus exemplos, podemos dizer que esteve entre nós venerável servidor do Cristo.

Certamente estará muito bem na Espiritualidade e posso imaginá-lo, hoje, em novos horizontes, superadas as limitações humanas, deleitando-se com as benesses reservadas aos *completistas*, aqueles que, no dizer de André Luiz, cumprem em plenitude os compromissos assumidos ao reencarnar e vivem integralmente o tempo que lhes foi concedido.

Semeador de luzes, integrado nos planos mais altos do Infinito, que fez por merecer, Hernani, que combateu a ignorância humana em relação às grandes questões do Espírito, situa-se por personificação da expressão feliz de Castro Alves:

...Se a luz rola na terra,
Deus colhe gênios no céu!...

Recado ao dirigente espírita

Homenageie os grandes vultos do Espiritismo, emprestando seu nome a departamentos e dependências no Centro Espírita e instituindo ciclos de estudos em torno de suas obras.

É importante apreciar o conteúdo doutrinário e os estímulos daqueles que pontificaram na Seara Espírita, no campo das ideias e da vivência, como exemplos dignos de serem apreciados e imitados.

Centro Espírita sem memória para realizações dos companheiros que partiram perde a oportunidade de estimular realizações aos companheiros que chegam.

Gente que faz falta

José Xavier, irmão de Chico, foi seu grande colaborador. Juntos começaram o trabalho mediúnico, passando por valiosas experiências no Centro Espírita Luiz Gonzaga, em Pedro Leopoldo.

Em 1939 José desencarnou, após sofrer um aneurisma cerebral.

Reclamando da morte prematura do irmão, Chico dizia, bem-humorado:

– Quando eu desencarnar, antes de fazer qualquer festa com ele, em nosso reencontro, vai ter que ouvir muita coisa de mim... Afinal de contas, isso é coisa que não se faz!...

Um confrade dizia:

– A mesma observação de Chico me ocorre quando vejo desencarnarem companheiros ainda jovens, cheios de energia, dedicados à Doutrina, que tinham muito a oferecer.

E reclamava:

– Nossos guias estão trabalhando mal! Há tanta gente no meio espírita que não deixaria saudades, e logo um baluarte da Casa Espírita há de ser levado tão precocemente! E ainda há quem diga que foram convocados para serviços importantes no Além!

Acentuava:

– Qual convocação, qual nada! Haverá serviço mais importante no Além do que disseminar a Doutrina Espírita neste aquém? Querem o quê? Gente para atender sofredores no umbral? Pois se esses valorosos companheiros estão justamente trabalhando para que as pessoas não tenham que fazer estágio nesse purgatório, não seria melhor que ficassem por aqui?

***

Embora o tom jocoso dessa reclamação, não posso deixar de endossá-la, amigo leitor.

Passei várias vezes pela desagradável surpresa de ver valorosos companheiros partirem, em meio a tarefas importantes que realizavam.

Não obstante, talvez estejamos raciocinando mais com o coração do que com a razão, o que não pode acontecer com quem estuda os mecanismos de causa e efeito a que todos estamos sujeitos.

Entendo que a morte não costuma fazer convocações indevidas. Sempre há razões ponderáveis para um retorno prematuro.

Faço abstração daqueles que invertem o processo – ao invés de serem convocados pela morte, tomam a iniciativa de convocá-la com o desregramento e a imprudência.

Não é o que acontece com o trabalhador espírita, consciente de suas responsabilidades, e é forçoso reconhecer que não conhecemos o histórico de nosso passado, nossos compromissos, débitos, projetos...

Um desencarne que consideramos prematuro talvez faça parte de um planejamento espiritual, no instituto das provações e experiências humanas.

E pode funcionar, também, como merecida *sursis* ou dispensa de pagamento. Digamos que alguém tenha um débito cármico oneroso, que lhe imporia pesadas limitações após um derrame cerebral. Estaria reduzido a uma existência vegetativa.

Entretanto, em face de seus méritos, logo após a ocorrência os mentores providenciam seu retorno à espiritualidade, liberando-o desse sofrimento.

Já vi isso acontecer.

E o que considerávamos uma *desfeita* dos mentores espirituais, seria apenas um *nó desfeito* em favor do companheiro que retornou à pátria espiritual.

***

Outro detalhe ponderável, amigo leitor.

Se lamentamos o trabalhador da Seara que parte prematuramente, em face da soma de serviços que prestava, que o situavam como um líder autêntico, não seria o ensejo para fazermos algo do que ele fazia, assumindo suas tarefas?

E se nos parece tão importante a longevidade do trabalhador, saibamos que, salvo projeto reencarnatório ou compromisso cármico, o serviço do Bem é um elixir da longa vida, sustentando-nos a vitalidade.

Há servidores espíritas que ultrapassam as expectativas de vida do brasileiro, em torno de setenta anos, mantendo-se firmes e produtivos em autênticas moratórias, como quem está fazendo serão, trabalhando após o expediente.

Habilitam-se a conquistar mais e mais valores para a Vida Eterna, aqueles valores que as traças não roem nem os ladrões roubam, como ensinava Jesus.

A longevidade de Chico Xavier, que desencarnou aos noventa e dois anos, é um exemplo típico.

Fez serão por muitos anos!

Recado ao dirigente espírita

É natural que lamentemos a ausência do seareiro dedicado que parte.

Não obstante, é fundamental ter alguém para substituí-lo.

Centro Espírita que não treina lideranças no presente terá sérios problemas no futuro.

A quarta vela

Numa igreja, três velas conversavam.
Disse a primeira:
– Eu sou a Paz. Estou cansada. As pessoas não se empenham por manter-me acesa. Vivem tensas e nervosas. Negam-me o oxigênio da reflexão.
Disse a segunda:
– Eu sou a Fé. Infelizmente, sou supérflua para as pessoas. Não estão interessadas em dar um sentido religioso à existência. Negam-me o oxigênio da espiritualidade.
Disse a terceira:
– Eu sou o Amor! As pessoas ignoram-me porque só conseguem pensar nelas mesmas. Não enxergam nem mesmo quem está a seu lado. Negam-me o oxigênio da solidariedade.

Em breves instantes, a luz que havia nelas bruxuleou e morreu.

Nesse instante, entrou um menino trazendo uma vela acesa, chama forte e firme. Com ela reacendeu as três, que voltaram a refulgir.

E disse-lhes:

– Fiquem tranquilas. Ainda que os homens não lhes deem a devida sustentação, sempre virei reanimá-las.

***

Esta singela história reporta-se às quatro bases que sustentam nosso equilíbrio e nos proporcionam condições para vivermos felizes, com o aproveitamento integral das oportunidades de edificação da jornada humana.

As três primeiras, como já enunciei, amigo leitor, são a Paz, a Fé e o Amor.

A Paz é o tempero da felicidade.
Impossível viver feliz sem ela.

Mesmo que tenhamos todo o dinheiro do Mundo...

Mesmo que tenhamos todo o conforto do Mundo...

Mesmo que tenhamos todo o poder do Mundo...

Mesmo que tenhamos a satisfação de todos os nossos desejos no Mundo...

... Se não tivermos Paz, nada disso terá sentido.

Crescem em nosso orbe alarmantes índices de suicídio.

Curiosamente, atingem principalmente países ricos e desenvolvidos, cuja população tem tudo para viver em paz.

Os suicidas procuram a Paz do cemitério, com o aniquilamento da vida. Logo constatam, atormentados, que apenas mataram o corpo. Continuam a viver em outra dimensão, com sofrimentos inenarráveis, mais do que nunca distanciados da Paz.

Em face de nossas limitações e fraquezas, é difícil sustentar a Paz diante das atribulações humanas. Conseguimos por algum tempo, mas a chama logo bruxuleia e surgem tensões, desentendimentos, enfermidades, angústias, depressão...

A Fé situa-se como a defesa diante da adversidade.

É complicado enfrentar com equilíbrio e fortaleza de ânimo os embates da vida, sem a certeza da existência de um Poder Supremo que nos criou, que nos sustenta, que nos conduz, como exprime o salmista:

O Senhor é o meu Pastor,
Nada me faltará.
Deitar-me faz em verdes pastos,
Guia-me mansamente
A águas mui tranquilas,
Refrigera minh'alma,
Guia-me nas veredas da justiça,
Por amor de seu nome.

Ainda que eu andasse
Pelo vale de sombras da morte,
Não temeria mal algum,
Porque Tu estás comigo.

A tua vara e o teu cajado me consolam
Preparas-me o banquete do amor
Na presença dos meus inimigos,
Unges de perfume a minha cabeça,
O meu cálice transborda de júbilo!...

Certamente,
A bondade e a misericórdia
Seguirão todos os dias de minha vida
E habitarei na Casa do Senhor
Por longos dias...

O problema é que a Fé situa-se por suave perfume para as horas floridas, quando tudo corre bem. Se surgem espinhos no jardim da existência; se chega a adversidade, ela logo arrefece.

Pretendemos que Deus atenda às nossas expectativas, mas raramente estamos atentos à necessidade de corresponder às expectativas de Deus. Não entendemos as respostas do Céu às nossas rogativas e achamos que Deus nos abandonou.

– Cansei de orar! Deus não me atende!

Ledo engano!

Deus nunca nos abandona! Sem Ele não existiríamos! A todos estende Sua mão complacente, ajudando-nos a enfrentar as atribulações humanas.

Mas será que estamos estendendo as mãos para o Senhor?

O Amor é a Lei Maior do Universo.

Exprime-se como um exercício de solidariedade, que inspira a derrubada das barreiras de nacionalidade, raça e crença, para que sejamos na Terra uma grande família, feliz e ajustada.

Amar, portanto, em sua expressão maior – trabalhar pelo próximo – é o alento da vida.

Haverá tônico mais poderoso, a sustentar-nos o bom ânimo, do que as boas ações, quando nos vinculamos ao serviço do Bem, empenhados em servir?

Haverá alegria que se compare a que sentimos quando visitamos o enfermo, atendemos o necessitado, harmonizamos a família?

Isso tudo é Amor!

O problema é que as pessoas ainda não entendem o que é amar.

Pensam que amar é sufocar o ser amado com exigências, sustentar o desejo de comunhão sexual, edificar um céu particular de egoísmo a dois.

Falso amor esse, que não se sustenta, que se desgasta com a convivência, a rotina, os desentendimentos, gerando frustrações e angústias.

***

Percebe-se que a Paz, tempero da felicidade, a Fé, armadura da alma, e o Amor, sustento da Vida, não estão consolidados em nossa alma.

São frágeis chamas que se apagam facilmente, ao vento das paixões, dos vícios, dos interesses imediatistas, dos dissabores...

Por isso é tão importante o mês de dezembro, em que somos visitados por celeste menino que traz uma vela muito especial, de chama poderosa. Com ela reacende as demais para que a Paz, a Fé e o Amor renasçam em nós.

O nome do menino, todos sabemos: Jesus.

A vela sublime, maravilhosa, é a Esperança.

É por isso que nas comemorações do Natal nos sentimos mais tranquilos, mais inclinados à atividade religiosa, mais sensíveis aos apelos da solidariedade, convictos de que podemos construir um futuro melhor.

***

O grande desafio que o Natal nos propõe é o de luta ingente contra nossas imperfeições para que a Paz, a Fé e o Amor deixem de ser meras esperanças, a cada Natal, convertendo-se em chamas ardentes a iluminar e aquecer a nós e àqueles que nos rodeiam.

Então os Sinos de Belém repicarão noutra festa.

Não mais o nascimento de Jesus no Mundo.

O nascimento de Jesus em nossos corações.

Recado ao dirigente espírita

Oriente os expositores das reuniões públicas, sempre frequentadas por sofredores de todos os matizes, para que evitem a morbidez de temas que evoquem a violência, a dor, a dificuldade...

E que haja sempre espaço para a esperança, descortinando o futuro promissor que Deus nos reserva se estivermos dispostos a seguir em frente em nossas atribulações, confiantes na Misericórdia Divina.

Centro Espírita sem ênfase à esperança é núcleo de consolação com crise de identidade.

Um Natal decente

Dizia um confrade:
– Não sinto prazer em festejar o Natal nas tradicionais reuniões familiares, mesa farta, tendo consciência de que há na periferia milhares de irmãos nossos passando fome.

E só conseguia tranquilizar a consciência depois de realizar ampla campanha, arrecadando recursos para distribuir dezenas de cestas básicas na periferia.

Pelo menos as famílias carentes que viesse a beneficiar teriam, segundo sua expressão, um *Natal decente*.

Se levássemos essa concepção às últimas consequências, teríamos que optar por uma, dentre duas situações extremas:

- Jejum coletivo.
 Ninguém festejaria o Natal com comes e bebes. Se não é possível mesa farta a todos, que ninguém a desfrute.

- Abençoado *dividir o pão*.
 A nenhuma família carente faltaria a cesta básica de Natal, sob a égide da solidariedade.

Na atual conjuntura, neste Mundo orientado pelo egoísmo e o apego à posse, nenhuma dessas possibilidades será observada em plenitude.

Raros renunciariam ao repasto natalino.

Raros trabalhariam por estendê-lo a todos.

***

Bem, leitor amigo, que tal se cogitássemos de uma situação intermediária, como faz o nosso confrade?

Se não podemos beneficiar todas as famílias carentes, por que não atender o maior número possível, somando esforços e recursos?

Há uma excelente iniciativa nesse particular: a Campanha da Cesta Básica do Natal.

A fórmula é simplíssima e pode ser aplicada por qualquer instituição interessada em estimular o *Natal Decente*.

Efetua-se um levantamento de preços para a composição da cesta, envolvendo gêneros de primeira necessidade e artigos natalinos como o infalível panetone e as uvas-passas.

Fixado o valor, inicia-se a arrecadação na segunda quinzena de novembro.

É aberta uma lista de doações e solicita-se algo muito especial aos participantes: que não sejam meros contribuintes, mas *multiplicadores*.

Que se empenhem em sensibilizar amigos, familiares, colegas de trabalho e vizinhos, convidando-os a colaborar.

Cartazes são afixados em local apropriado, no Centro, e folhetos são distribuídos.

Os palestrantes contam histórias edificantes que enfatizam o significado do Natal, como um apelo à solidariedade.

Destaque para o *aniversariante*, que renunciou às paragens celestiais e mergulhou na carne para nos ensinar a alegria de servir.

Na segunda quinzena de dezembro, após a apuração dos resultados, centenas de cestas serão distribuídas pelos próprios voluntários.

***

Como pode observar, amigo leitor, a iniciativa não exige nenhuma sofisticação e tem a vantagem de ser disparada no final do ano.

É um período mágico. A manjedoura sensibiliza os corações para o exercício da fraternidade.

A Campanha da Cesta Básica do Natal pede apenas o que exaltam os anjos, na proclamação celeste:

Glória a Deus nas alturas, paz na Terra aos homens de boa vontade.

Com boa vontade haveremos de realizar nossa ceia e confraternizar com os familiares, guardando a tranquilidade em nossos corações.

É aquela *boa paz* que nos felicita quando cumprimos nosso dever como cristãos, proporcionando aos irmãos em penúria algo do que pretendemos para nós, a começar pela bênção de um *Natal Decente*.

Recado ao dirigente espírita

Institua a Campanha da Cesta Básica de Natal, incluindo-a no calendário do Centro.

Enfatize aos frequentadores a importância de contribuir em favor de um *Natal decente* para nossos irmãos carentes.

Centro Espírita que comemora o Natal sem exercício de solidariedade está esquecido do que o aniversariante veio ensinar.

Unificação

Não há dúvida de que um dos grandes problemas do Cristianismo foi o fato dos cristãos, nos séculos que se sucederam ao seu advento, esquecerem ou desvirtuarem algumas das orientações básicas de Jesus, como, por exemplo, a questão da adoração.

Respondendo à mulher samaritana, que questionava o fato de que seus conterrâneos adoravam Deus no Monte Corazim, enquanto em Jerusalém era adorado no Templo, proclamou Jesus, falando à Humanidade inteira (João 4:23-24):

Dia virá em que os verdadeiros adoradores adorarão o Pai em espírito e verdade, porque Deus é Espírito e em espírito e verdade deve ser adorado por aqueles que o adoram.

Jesus estava sinalizando que todo ato de adoração é algo íntimo, um assunto entre a criatura e o Criador, sem ritos ou rezas, sem ofícios e oficiantes.

No entanto, quando Constantino cometeu a imprudência de iniciar o processo que tornaria o Cristianismo religião oficial do império romano, os líderes cristãos cometeram o erro fatal de adotar o culto exterior, trazendo para dentro das igrejas cristãs ritos e rezas, ofícios e oficiantes próprios do paganismo, com o propósito de atrair o povo que, em sua vasta maioria, não era cristão.

***

Algo semelhante poderá ocorrer com nossa amada Doutrina Espírita se não atentarmos a determinadas orientações de Kardec, que visam dar uma unidade ao movimento espírita, evitando que os Centros Espíritas façam um Espiritismo *à moda da casa*, de acordo com os humores e tendências de seus dirigentes.

Recomenda ele, em Obras Póstumas:

...sem uma autoridade moral capaz de centralizar os trabalhos, os estudos e as observações, de dar impulso, de estimular o zelo, de defender o fraco, de sustentar as coragens vacilantes, de concorrer com os conselhos da experiência, de fixar a opinião sobre os pontos incertos, o Espiritismo correria o risco de desviar-se de seu rumo. Não somente essa direção é necessária como também é preciso que tenha condições de força e estabilidade suficientes para enfrentar as tempestades.

O Codificador sinaliza a necessidade da união dos espíritas em torno de um órgão capaz de orientar o movimento espírita e sustentar sua unidade doutrinária.

Como sabemos, prezado leitor, esse movimento já existe, desde 1949, quando foi firmado o Pacto Áureo, iniciando o movimento de unificação, a partir de um Conselho Federativo, formado por uniões espíritas estaduais, que se subdividem em conselhos regionais e uniões municipais, numa abençoada rede de informações e de preservação dos princípios espíritas.

O movimento de unificação não conta, ainda, com adesão plena dos Centros Espíritas. Há certa relutância, um temor de que estejamos a caminho de uma institucionalização, favorecendo o profissionalismo religioso e a disputa pelo poder.

É um temor infundado, já que, conforme está na própria orientação de Kardec, os centros e instituições espíritas de variado teor preservam sua independência e livre-arbítrio quando aderem. São entidades constituídas de acordo com as leis do país, sem subordinação hierárquica, sem chance para a institucionalização.

***

Alguns confrades levantam o problema de estarmos sujeitos à orientação de dirigentes de órgãos de unificação, em caráter municipal, regional, estadual ou nacional, que não reúnam as condições necessárias, principalmente quanto ao aspecto moral, para um compromisso dessa natureza.

Pode acontecer. Porém, se somos chamados a decidir entre uma direção com limitações e os problemas oriundos da ausência da mesma, diz o bom senso que devemos ficar com a primeira opção.

Consideremos, ainda, que riscos dessa natureza ficam extremamente reduzidos à medida que o movimento se consolide e seus participantes aprendem a selecionar os dirigentes.

Pense também no seguinte, leitor amigo: não é um risco, também, para a casa espírita, ser administrada por alguém despreparado? E não será essa possibilidade minimizada com o Centro ligado ao movimento de unificação, colhendo informações e orientações que lhe permitam até mesmo escolher melhor seus dirigentes?

***

Outra dúvida sempre levantada por dirigentes vacilantes é se não estaríamos a caminho de uma uniformização do movimento espírita, tirando a iniciativa que favorece o progresso.

Ocorre que não se pretende instituir regras para os Centros Espíritas, mas contribuir para que os Centros Espíritas não fujam às regras.

Quando o indivíduo vive só, tende a desenvolver esquisitices que aberram do senso comum. Se vive em família, filhos e cônjuge serão o referencial, a fim de que isso não aconteça.

Algo semelhante ocorre na seara espírita. Centros que se isolam desenvolvem práticas estranhas à Doutrina, do tipo *engarrafar Espíritos*, *celebrar* casamentos e batizados espíritas, cultivar ritos e rezas, instituir *consultórios do além*, eliminar o intercâmbio mediúnico...

***

Centros espíritas respeitáveis, de grande porte, com boa orientação doutrinária, que se recusam a participar do movimento de unificação, podem até funcionar de forma disciplinada e coerente, mas dão péssimo exemplo para os menores, que não podem dispensar, em seu próprio benefício, os recursos da unificação.

Desconhecem ou não dão a devida atenção à observação de Bezerra de Menezes, em mensagem psicografada por Chico Xavier:

Solidários, seremos união.
Separados uns dos outros, seremos pontos de vista.
Juntos, alcançaremos a realização de nossos propósitos.
Distanciados entre nós, continuaremos à procura do trabalho com que já nos encontramos honrados pela Divina Providência.

***

Por outro lado, leitor amigo, há dirigentes de adesão simbólica, que se limitam a comparecer às reuniões, sem empenho em permutar experiência e colocar em prática o que ali é exposto.

É lamentável, mas forçoso considerar que se até hoje, após dois mil anos de Cristianismo, ainda não cumprimos as orientações de Jesus, seria verdadeiro prodígio que todos os dirigentes espíritas estivessem dispostos a observar a orientação de Kardec e de Bezerra de Menezes, após algumas décadas de instituição desse abençoado movimento.

Oportuna, a respeito, outra observação de Bezerra, psicografada por Chico Xavier:

O serviço da unificação em nossas fileiras é urgente, mas não apressado.

Uma afirmativa parece destruir a outra. Mas não é assim.

É urgente porque define o objetivo a que devemos todos visar; mas não apressado, porquanto não nos compete violentar consciência alguma.

***

Nem sempre os dirigentes espíritas se dão conta do muito que um órgão de unificação pode fazer em benefício da Casa Espírita, além da inestimável preservação da pureza doutrinária.

Alguns deles: apoio jurídico para regularização de sociedades espíritas, orientação para elaboração de estatutos, instituição de programas de evangelização infantil e mocidades espíritas, cursos, seminários...

Em Bauru, a União das Sociedades Espíritas patrocina, há muitos anos, a *Feiramor*, que reúne dezenas de Centros e instituições filantrópicas espíritas, num belo movimento de confraternização que fala da pujança do movimento espírita na cidade, além de favorecer a arrecadação de recursos para os participantes.

A *Feiramor* é um atestado eloquente de quanto podemos fazer quando nos unimos em favor de um objetivo comum.

Diga-se de passagem, todos os grandes eventos de renovação para a Humanidade no campo social consolidam-se a partir de ações coletivas, jamais a partir de esforço isolado.

Recado ao dirigente espírita

Se ainda não o fez, inscreva o Centro Espírita de cuja direção participa em órgão representativo do movimento de unificação.

Se há dois ou mais Centros Espíritas em sua cidade, e ainda não há essa representação, mobilize-se nesse sentido, buscando orientação junto aos órgãos estaduais.

Centro Espírita de porta fechada para o movimento de unificação é porta aberta para os desvios doutrinários.

Liderança

Você, leitor amigo, que dirige um Centro Espírita, um grupo mediúnico, uma instituição assistencial, já parou para pensar no tipo de liderança que exercita?
Você é autocrático ou democrático?
Imagine um barco.

O líder autocrático é âncora.
Segura a embarcação.
Não a deixa navegar.

O líder democrático é leme.
Observa as diretrizes básicas.
Deixa o barco seguir em frente.

Instituições e grupos dominados pelo dirigente âncora não prosperam, porquanto, pretendendo controlar tudo e exercitar o monopólio das realizações, ele anula a iniciativa dos companheiros, cerceia sua liberdade e compromete o desenvolvimento do serviço.

Instituições orientadas pelo dirigente leme crescem, desenvolvem-se, formam grupos de voluntários, multiplicam serviços, deslancham, singram com segurança mares de progresso, sustentados pelo trabalho de equipe.

Proponho um teste para você, feito de algumas questões simples, com respostas em duas alternativas.

Lápis na mão, vamos lá:

1 – O arcaico Estatuto da instituição prevê reeleição ilimitada para o cargo de presidente. Você:
a) Defende a cláusula retrógrada, alimentando o inconfessável desejo de perpetuar-se na direção.

b) Convoca uma assembleia para reforma do Estatuto, atualizando-o principalmente em relação à saudável alternância de cargos.

2 – Reuniões de diretoria:
a) Raramente são efetuadas, embora constem das disposições estatutárias.
b) São realizadas semanalmente, a fim de que os diretores estejam em frequente contato, tratando dos assuntos que interessam à economia da instituição.

3 – Quando ocorrem, você:
a) Sempre diz a última palavra, ainda que contrariando a maioria.
b) Respeita e observa a opinião dos companheiros, em consenso ou por votação.

4 – Um diretor sugere uma inovação qualquer, visando melhorar o serviço. Você:
a) Mata a ideia no nascedouro, alegando que não dará certo, sem apresentar argumentos que justifiquem, racionalmente, sua posição.

b) Coloca a sugestão em discussão pela diretoria. Se aprovada, dá integral apoio, empenhando-se para que seja concretizada.

5 – Você sai de férias. O grupo mediúnico sob sua direção:
a) Entra em recesso, por falta de alguém que o substitua.
b) Continua o trabalho, sob a direção de um participante devidamente treinado.

6 – Na doutrinação de Espíritos perturbados ou perturbadores, na reunião mediúnica, você:
a) É o único doutrinador, por considerar que ninguém tem competência para tanto.
b) Alterna dois ou três doutrinadores que manifestaram o desejo de participar.

7 – Nas convocações do órgão de unificação você:
a) Ignora, alegando que é só falatório.

b) Comparece ou envia representante, consciente da necessidade de unificação das casas espíritas em torno dos princípios doutrinários.

8 – Se o órgão de unificação promove seminários e cursos de reciclagem relacionados com a direção das entidades espíritas, você:
a) Não se inscreve, proclamando-se autossuficiente. Não tem nada mais a aprender.
b) Participa, empenhado em melhorar sua atuação como dirigente.

9 – O Centro anda mal de frequência. Você:
a) Justifica informando que o Espiritismo não é para qualquer um.
b) Reconhece que algo está errado na condução das reuniões e que é preciso tomar providências.

10 – Experiente expositor de outro Centro Espírita sugere mudanças nas reuniões públicas, visando torná-las mais atraentes e produtivas. Você:

a) Considera com seus botões que há palpiteiros demais e trabalhadores de menos.
b) Agradece a sugestão e a leva para a apreciação da diretoria.

Se marcou a alternativa "b" em todas elas, parabéns!

Você é um leme maravilhoso.

Certamente a instituição vai muito bem em suas mãos.

Se você escolheu a alternativa "a" para a maior parte das questões, você é uma tremenda âncora, que está emperrando o progresso da referida.

Não se aborreça.

Sempre é tempo de renovar nossas concepções, fugindo da estagnação.

Basta reconhecer, como ensina velho provérbio, que *só é imutável a necessidade de mudar.*

Sempre nos ajudará nesse propósito, quando se trate do progresso de uma instituição gerida por uma diretoria, reconhecer que várias cabeças pensam bem melhor do que uma só.

Bom reconhecer, também, que por mais eficiente seja um dirigente, sempre fará bem menos do que um grupo unido em torno dos mesmos ideais.

Jesus deixou isso bem claro ao compor um colégio de doze apóstolos para divulgar sua renovadora mensagem.

Recado ao dirigente espírita

E daí, qual a sua avaliação?

Você é desejável leme?

Ou lamentável âncora?

Lembre-se:

Centro Espírita ancorado é barco inútil.

BIBLIOGRAFIA DO AUTOR

01 – PARA VIVER A GRANDE MENSAGEM 1969
Crônicas e histórias.
Ênfase para o tema Mediunidade.
Editora: FEB

02 – TEMAS DE HOJE, PROBLEMAS DE SEMPRE 1973
Assuntos de atualidade.
Editora: Correio Fraterno do ABC

03 – A VOZ DO MONTE 1980
Comentários sobre "O Sermão da Montanha".
Editora: FEB

04 – ATRAVESSANDO A RUA 1985
Histórias.
Editora: IDE

05 – EM BUSCA DO HOMEM NOVO 1986
Parceria com Sérgio Lourenço
e Therezinha Oliveira.
Comentários evangélicos e temas de atualidade.
Editora: EME

06 – ENDEREÇO CERTO 1987
Histórias.
Editora: IDE

07 – QUEM TEM MEDO DA MORTE? 1987
Noções sobre a morte e a vida espiritual.
Editora: CEAC

08 – A CONSTITUIÇÃO DIVINA 1988
Comentários em torno de "As Leis Morais",
3ª parte de O Livro dos Espíritos.
Editora: CEAC

09 – UMA RAZÃO PARA VIVER   1989
     Iniciação espírita.
     Editora: CEAC

10 – UM JEITO DE SER FELIZ   1990
     *Comentários em torno de
     "Esperanças e Consolações",
     4ª parte de* O Livro dos Espíritos.
     Editora: CEAC

11 – ENCONTROS E DESENCONTROS   1991
     Histórias.
     Editora: CEAC

12 – QUEM TEM MEDO DOS ESPÍRITOS?   1992
     *Comentários em torno de "Do Mundo Espírita e
     dos Espíritos", 2ª parte de* O Livro dos Espíritos.
     Editora: CEAC

13 – A FORÇA DAS IDEIAS   1993
     Pinga-fogo literário sobre temas de atualidade.
     Editora: O Clarim

14 – QUEM TEM MEDO DA OBSESSÃO?   1993
     Estudo sobre influências espirituais.
     Editora: CEAC

15 – VIVER EM PLENITUDE   1994
     *Comentários em torno de "Do Mundo Espírita e
     dos Espíritos", 2ª parte de* O Livro dos Espíritos.
     Sequência de Quem Tem Medo dos Espíritos?
     Editora: CEAC

16 – VENCENDO A MORTE E A OBSESSÃO   1994
     Composto a partir dos textos de Quem Tem Medo
     da Morte? *e* Quem Tem Medo da Obsessão?
     Editora: Pensamento

17 – TEMPO DE DESPERTAR   1995
   Dissertações e histórias sobre temas de atualidade.
   Editora: FEESP

18 – NÃO PISE NA BOLA   1995
   Bate-papo com jovens.
   Editora: O Clarim

19 – A PRESENÇA DE DEUS   1995
   Comentários em torno de "Das Causas Primárias",
   1ª parte de O Livro dos Espíritos.
   Editora: CEAC

20 – FUGINDO DA PRISÃO   1996
   Roteiro para a liberdade interior.
   Editora: CEAC

21 – O VASO DE PORCELANA   1996
   Romance sobre problemas existenciais, envolvendo
   família, namoro, casamento, obsessão, paixões...
   Editora: CEAC

22 – O CÉU AO NOSSO ALCANCE   1997
   Histórias sobre "O Sermão da Montanha".
   Editora: CEAC

23 – PAZ NA TERRA   1997
   Vida de Jesus – nascimento ao início do apostolado.
   Editora: CEAC

24 – ESPIRITISMO, UMA NOVA ERA   1998
   Iniciação Espírita.
   Editora: FEB

25 – O DESTINO EM SUAS MÃOS   1998
   Histórias e dissertações sobre temas de atualidade.
   Editora: CEAC

26 – LEVANTA-TE! 1999
       Vida de Jesus – primeiro ano de apostolado.
       Editora: CEAC

27 – LUZES NO CAMINHO 1999
       Histórias da História, à luz do Espiritismo.
       Editora: CEAC

28 – TUA FÉ TE SALVOU! 2000
       Vida de Jesus – segundo ano de apostolado.
       Editora: CEAC

29 – REENCARNAÇÃO – TUDO O QUE VOCÊ 2000
       PRECISA SABER
       Perguntas e respostas sobre a reencarnação.
       Editora: CEAC

30 – NÃO PEQUES MAIS! 2001
       Vida de Jesus – terceiro ano de apostolado.
       Editora: CEAC

31 – PARA RIR E REFLETIR 2001
       Histórias bem-humoradas, analisadas à luz da
       Doutrina Espírita.
       Editora: CEAC

32 – SETENTA VEZES SETE 2002
       Vida de Jesus – últimos tempos de apostolado.
       Editora: CEAC

33 – MEDIUNIDADE, TUDO O QUE 2002
       VOCÊ PRECISA SABER
       Perguntas e respostas sobre mediunidade.
       Editora: CEAC

34 –	ANTES QUE O GALO CANTE *Vida de Jesus – o Drama do Calvário.* Editora: CEAC	2003
35 –	ABAIXO A DEPRESSÃO! *Profilaxia dos estados depressivos.* Editora: CEAC	2003
36 –	HISTÓRIAS QUE TRAZEM FELICIDADE *Parábolas evangélicas, à luz do Espiritismo.* Editora: CEAC	2004
37 –	ESPIRITISMO, TUDO O QUE VOCÊ PRECISA SABER *Perguntas e respostas sobre a Doutrina Espírita.* Editora: CEAC	2004
38 –	MAIS HISTÓRIAS QUE TRAZEM FELICIDADE *Parábolas evangélicas, à luz do Espiritismo.* Editora: CEAC	2005
39 –	RINDO E REFLETINDO COM CHICO XAVIER *Reflexões em torno de frases e episódios bem-humorados do grande médium.* Editora: CEAC	2005
40 –	SUICÍDIO, TUDO O QUE VOCÊ PRECISA SABER *Noções da Doutrina Espírita sobre a problemática do suicídio.* Editora: CEAC	2006
41 –	RINDO E REFLETINDO COM CHICO XAVIER Volume II *Reflexões em torno de frases e episódios bem-humorados do grande médium.* **Editora: CEAC**	2006

42 – TRINTA SEGUNDOS 2007
Temas de atualidade em breves diálogos.
Editora: CEAC

43 – RINDO E REFLETINDO COM A HISTÓRIA 2007
Reflexões em torno da personalidade de figuras ilustres e acontecimentos importantes da História.
Editora: CEAC

44 – O CLAMOR DAS ALMAS 2007
Histórias e dissertações doutrinárias.
Editora: CEAC

45 – MUDANÇA DE RUMO 2008
Romance.
Editora: CEAC

46 – DÚVIDAS E IMPERTINÊNCIAS 2009
Perguntas e respostas.
Editora: CEAC

47 – BEM-AVENTURADOS OS AFLITOS 2009
Comentários sobre o capítulo V de O Evangelho segundo o Espiritismo.
Editora: CEAC

48 – POR UMA VIDA MELHOR 2010
Regras de bem viver e orientação aos Centros Espíritas
Editora: CEAC

Se o Espiritismo é o Consolador prometido por Jesus,
a consolação doutrinária está toda fundamentada
no capítulo V, de *O Evangelho segundo o Espiritismo*,
com sábias ponderações de Kardec e dos mentores espirituais
que o assistiam. Este livro contextualiza,
traz para nosso tempo, as lições ali contidas.

Os que sofrem, os que enfrentam problemas,
os que duvidam da Misericórdia Divina, os que
estão interessados em definir os porquês da Vida, encontrarão
aqui respostas às suas indagações, marcadas pelo estilo objetivo,
otimista e bem-humorado do autor.

A corrupção está na alma do brasileiro?
A tatuagem aparece no corpo espiritual após a morte?
A defumação afasta os maus espíritos?
Envolver-se com homem casado pode ser destino de alguém?
O que o estudante deve fazer para definir sua vocação?
O tipo de vida que levamos é pré-determinado?
Os astros governam nossa vida?
Os conflitos no lar têm origem em vidas passadas?
Qual o melhor manual de autoajuda?
Quando um copo cai e se espatifa é obra de Espírito?

Estas e centenas de outras questões são apresentadas neste livro singular, em que o autor reporta-se à sua participação em reuniões abertas às indagações do público presente. Multiplicavam-se questões existenciais à luz do Espiritismo, nem sempre abordadas nos livros doutrinários.
Dificilmente o leitor não se deparará com suas próprias dúvidas dentre as centenas aqui apresentadas e respondidas com a competência de sempre pelo autor, com seu estilo bem-humorado, marcado por concisão, a clareza e a simplicidade.

"Mudança de rumo", instigante romance, relata a edificante experiência de um homem que superou seus desvios de comportamento, ajustando-se aos valores do Bem, a partir de dramática EQM, a experiência de quase-morte.
Raros leitores deixarão de ver nestas páginas algo de si mesmos.